SUPERVISION for coaches
a guide to thoughtful work

よりよい
スーパーバイザーに
なるための手引き

ヒラリー・コクレイン
トゥルーディ・ニュートン 著

安部朋子 訳
国際TA協会教育分野教授

西日本出版社

訳者まえがき

　「スーパービジョン」という言葉を最初に知ったのは 1995 年頃で、私自身が国際 TA 協会の第 1 段階目の資格取得にむけてトレーニングを積んでいるときでした。ある程度の理論学習を終え、現場での実践を重ねる段階に入ったとき、トレーニング・プログラムのなかに「スーパービジョン」というテーマが入ってきました。

　当時の私たち（トレーニー）は、いつものように「今回は何を学ぶのだろう」と期待感を抱きながら、アメリカから来られるスーパーバイザーのもとに文字どおり「手ぶら」状態で集まっていました。セッションが始まると同時に、スーパーバイザーが「課題は？」と私たちに投げかけたことにまず衝撃を受け、グループ全員が固まったことを鮮明に覚えています。

　グループメンバーの1人がおもむろにノートを取り出して、「僕は○○と△△について知りたい」と、リストに書かれたいくつかの疑問や質問を述べはじめたときの他のグループメンバーの安堵感が、その場の通訳を兼ねていた私には強く伝わり、この光景が今も脳裏に焼き付いています。

　その後の何度目かのスーパービジョンのときに、スーパーバイザーが「スーパービジョンが何か理解していないね」というようなことをおっしゃったことも記憶に残っています。

　そして数年が経ち、国際 TA 協会の第2段階目の資格である教授メンバー（TSTA：Teaching と Supervising を教えることが出来る Transactional Analyst）になるためのトレーニングをしているとき、またもや「スーパービジョン」で壁にぶつかりました。

　その頃は、自身のそれまでのビジネス経験やスーパーバイジーとしての体験を基に、それなりの結果や成果を出していました。しかし、自分の体験から得た「勘」では、スーパービジョンを教えたり、スーパーバイザーを育てたりすることは不可能ではないかと気づきはじめていました。まさか「背中を見て学んでください」というわけにはいかな

いだろうとは思いつつ、自分のなかのスーパービジョンに対しての確かな指針、方向性、軸になるものがなく、探し求めている状態でした。

　そのときサポートしてくださったのが、今でも私がスーパービジョンをお願いするTrudi Newton, TSTA(E) や、Mary Cox, TSTA(P) の教授メンバー、それに他のTSTA受験仲間たちでした。彼女たちとの出会いによって、私はそれまでスーパービジョンについて的確な学びをしていなかったことが鮮明になり、同時に、今学ぶべきことの存在が明らかになりました。それは、まさに目の前に光がさし込み、新たな学びにワクワクした瞬間でした。

　「スーパービジョンを学ぶ」スイッチが入ったのは、そこからです。海外のスーパーバイザーの方々からいろいろ学び、体験を重ね、2014年8月にサンフランシスコでTSTAに合格しました。スーパービジョンの試験で、20分間の規定時間を使い切らず2件とも15分前後で完結、高得点を得たことをスーパーバイザーや仲間たちと喜び合えたことは、大きな達成感となりました。

　その試験でスーパーバイジー役だった人が、後年の国際カンファレンスで私に「あのときのスーパービジョンでの体験はいまだに忘れられないよ」とうれしいストロークをくれました。

　2014年のはじめに本書の原書 "supervision for coaches" と出会ったときは、まるで探し求めていた宝物を見つけたように興奮しました。スーパービジョンの実践について、基本になるポイントが明瞭に書かれた書物でした！

　本を読み進めると、自分自身が行ってきたスーパービジョンのやり方や考え方が理論的視点で裏打ちされて自信になると同時に、うまくいかなかった事例の謎が理論や概念で解き明かされる衝撃の連続でした。

　当時すでにスーパービジョンという言葉は一般的に使われ、「スーパービジョンって何？」「スーパーバイザーって何する人？」と話題にもなっていたので、日本語に訳して出

版することで、1人でも多くの人にすぐに役立つスーパービジョンの知識をお伝えしたい
と思いました。そこで、これまでに『ギスギスした人間関係をまーるくする心理学』を
始めとして、何冊か自著を刊行していただいている西日本出版社の内山正之社長にご相
談し、翻訳本の出版を快諾いただきました。

　初めての翻訳本を出版するにあたり、難しい点も多くありました。「読者の皆様に理
解しやすく、実際に現場で活用していただける本にする」ことをゴールに、著者のお2
人と編集者とのやりとりを繰り返し、やっと完成させることができました。
　本書の使い方や特徴については29ページ以降に書かれていますが、日本語版の読
者に留意していただきたいことを以下にまとめましたので、ご一読ください。

コーチング以外の現場でも活用できます

　原書のタイトルは、"supervision for coaches"（コーチのためのスーパービジョン）
となっていますが、内容は「スーパービジョンって何？」に応える内容です。
　原書出版のきっかけが著者のヒラリー・コクレイン女史とトゥルーディ・ニュートン女
史が、共通の友人のコリン・ブレット氏が関係するコーチング・デベロップメント社の誘
いで開催することになったコーチ対象の「スーパービジョンって何？」というタイトルの
ワークショップでした。そこで練り上がった内容をまとめた本だという経緯があるため、
設定がたまたまコーチング現場だっただけで、内容は「スーパービジョンって何？」その
ものです。ですから、それ以外の現場でも十分活用できるものになっています。本文中
で「コーチ」となっている部分は、シンプルに「スーパーバイジー」に置き換えて読み進
めてください。読者の皆様の現場に即してご理解いただけると思います。

Tomoko's Voice で補足説明をしています

　なるべく幅広い分野の方に本書をご活用いただくため、原書の文脈だけでは理解し

づらいのではないかと思われる箇所には「Tomoko's Voice」として内容の補足をしています。そうすることで、できるだけ原書そのままの翻訳を維持しようと努めました。それでも日本語にするとわかりづらい箇所は、編集者と共に原書の意味を崩さないよう注意を払いながら意訳しています。その点、ご理解くださいますようお願いいたします。

スーパーバイザーとしてすでに経験をお持ちの方へ

　ご自身が疑問に感じている点や、さらに深めたい項目を Contents（目次）から選んで読み進めることも可能です。そこには恐らく求めていたキーワードあるいは、ヒント、解決策が見つかるでしょう。

スーパーバイザーとしての経験が浅い方へ

　本書を順番に読み進めることをオススメします。読みながら、今までの不鮮明だった体験がクリアになってくると思います。

　本からの情報だけでは物足りなく感じるかもしれません。オススメはとにかくスーパービジョンの経験を重ねることです。スーパーバイザー体験、スーパーバイジー体験、それらのスーパービジョンでの経験を自分自身の次回のスーパービジョンに持ち込み、振り返ることの繰り返しです。また、他者が行っているスーパービジョンをスーパービジョンする機会を持つことも有効です。スーパーバイザーとしてのスキルが磨かれると同時に、専門家としてのスキルアップに貢献します。

スーパーバイジー、人の成長をサポートする立場の方へ

　本書はスーパーバイザーだけでなく、スーパーバイジー（スーパービジョンを受ける立場の人）ほか、コーチ、講師、教育関係者や、医療関係者、セラピスト、カウンセラー、管理職など、人の成長をサポートする立場・役割の人にも役立ちます。

　「スーパービジョンとは何か」を理解することで、自分に合ったスーパーバイザーの選

択基準がわかり、効果的なスーパービジョンを受けることができるようになります。また、優れた生涯教育システムであるスーパービジョンの存在を知り、体験することは、自分自身の専門性をさらにアップデートし、クライアントや対象者の方々へのベストなサービスを提供する際に必ず役立つことでしょう。

　本書がより多くの方々に読まれ、ハッピーな体験が広がることを心より願っております。

あべともこ（安部朋子）TSTA,(Ed.)

よりよいスーパーバイザーになるための手引き

supervision for coaches
a guide to thoughtful work

Hilary Cochrane & Trudi Newton 著

安部朋子 訳

How we work is who we are…and who we are is how we work

Diana Shmukler, 2010

仕事は人なり、人は仕事なり

ダイアナ・シュムクラー（国際 TA 協会教授メンバー、臨床家、教育者），2010

はじめに

　コーチングはすでに、「影響力のあるプロフェッショナルな仕事」として認識
されています。そして、コーチが専門職であることを誇りに思っている人たちは、
さらにその専門性を進展させるためのサポートを望んでいます。そうすること（専
門性を進展し続けるということ）で、クライアントと次々と影響する広域なシステ
ム（環境）双方に真の価値を与え続けることができるのです。
　スーパービジョンは、コーチの成長へのカギ（Key）であると私たちは信じて
います。なぜならスーパービジョンは、倫理的基準を維持したり、サポートを
提供したり、成長に向けてのチャレンジを手助けしてくれるものだからです。
　コーチング同様にコーチへのスーパービジョンも、役立つ理論やモデル、信念、
構造や実践を発展させ続けています。私たちは、私たちが持つスーパービジョ
ンに対する熱い想いや最新の考え方を分かち合いたいという意図でこの本をま
とめました。本書が、スーパーバイザーやコーチがさらなる成長を続けるための
刺激になることを願っています。

Hilary Cochrane & Trudi Newton

「私は、トゥルーディからスーパービジョンを学び、ヒラリーからコーチングを受けることができてとてもラッキーだったと思っています。2人は、人としてそれぞれが違っていて、互いが持っている強みを認め合い、そして互いに尊敬し合っている経験豊かなチームです。彼女たちから得たものは、知恵と理論、知識と実践です。彼女たちの特長は、他の分野からではなく、2人共がトレーニングとスーパーバイジング、そしてコーチング分野からダイレクトに来ているという点です。本書は、彼女たちの実践をベースにしたプロフェッショナリズム（専門性）に溢れています。

――これは現場を知り尽くした2人からの素晴らしい贈り物だ!」

Colin Brett（Director, Coaching Development,TSTA）

「2009年にイギリスで開催された、ICF主催の認定コーチ・スーパービジョンプログラムに私は申し込みました。私がとても信頼しており、国際的にも活躍しているコーチ仲間たちがスーパービジョンを熱心に学んでいる姿を見て、彼らが夢中になる理由を知りたかったからです。私は以前よりカウンセラーとしてしっかりとトレーニングをし、コーチとしても素晴らしいプログラムのもとでトレーニングを積んできたのですが、このときの体験は、まるで「水とは何か」を学びながら、深海に飛び込むことを同時に学んだような体験でした。トゥルーディとヒラリーは私のスーパーバイザーであり、先生であり、メンターでもあり……そして、ライフガードでもあります! スーパービジョンを学ぶのにこれほど信頼ができ、頼りになるチームは考えられません。本書が出来上がるのを心待ちにしていました。そして、私のコーチ仲間、特に北アメリカにいる仲間に早く紹介したいです。

――飛び込め! スーパービジョンの水は快適だ!」

Pat Marum（Coach Supervisor, Mentor Coach, Teacher and Trainer of Coaches,
2010 ICF Credential & Program Accreditation Chair）

「私は、トゥルーディとヒラリーの2人からのトレーニングとスーパービジョンを受けることと、本書が彼女たちの高度な仕事を体験するチャンスになることは、すばらしい特権だと考えている。豊富な知識が基盤になったトゥルーディのスーパーバイザーとしての専門的技術、そして TA アナリストおよび教育者としての多くの体験。ヒラリーの ICF の MCC レベルのコーチングと組織ビジネスのバックグラウンド。それらを統合した個性的なプログラムは正確で、かつ、新しいモデルや改訂されたモデルは今、世界中でエグゼクティブ・コーチングが求めているものである。」

Jane Emmanuel（Senior Master Coach and Supervisor at Penna PLC, Board and Executive Coaching）

「トゥルーディ・ニュートンとヒラリー・コクレインの2人は、私たちコーチ・スーパーバイザーのトップトレーナーです。彼女たちは革新的かつ知識が豊富というだけではなく、決定的な点は、スーパービジョンを私たちに説明したとおりに実践してみせるのです。それも、すばらしく感動的に！　2人には豊富な経験と穏やかな権威、そして高潔なティーチングが存在しています。正確さ、情熱、そして人をやる気にさせるスキル。スーパーバイザーとしての質の高さを保証します。トゥルーディとヒラリーは、私たちのなかで最高の技術を持つ真のパイオニアです。」

Dr. Sunny Stout-Rostron（"Business Coaching International: Transforming Individuals and Organizations" の著者）

「トゥルーディとヒラリーと一緒に、私たちのスーパービジョンを組み立てていくことは、まさに洞察とチャレンジの旅でした。2人の協働スタイルと豊富な経験は、自分たちの状況に応じたモデルを選択して取り込むことを容易にしました。社内コーチング・コミュニティーのなかでの倫理的基準や専門家としての基準を維持し、高いスキルを持った社内スーパーバイザーをつくり育てるには必須のものでした。」

Simon Dennis（Head of Coaching, Fujitsu）

「スーパーバイザーとしてトゥルーディとヒラリーは、存在するだけで与えることができる2人です。いつでもサポートしてもらえるという安心感と、『チャレンジできる』と思わせるような心が通った関係性を作り出してくれます。彼女たちはセッション途中での予期せぬ質問や、振り返りのなかで伝えるべき事柄を見つけたときにも、巧みな技でその場に「理解を深める言葉」を滑り込ませることができます。また、トゥルーディとヒラリーは、素晴らしいコラボレーションを見せてくれます。トゥルーディはスーパービジョンへのアプローチとして TA 理論を具体化し、事実を検証できるようにします。理論をやりとりのなかで活かすことができるのです。ヒラリーは、コーチやスーパーバイザーとしての経験の広さに加え、今までの学びすべてを総動員して、トレーナーとしての境界線を守りながら彼女の意見やアプローチ法をおしみなく伝えることができます。」

Delscey Burns（Coach, and Coach Supervisor）

Contents

訳者まえがき（安部朋子）・・・・・・・・・・・・・・・・・・・・・・・・・・・・・・・・・・・・・・　i

はじめに（Hilary Cochrane & Trudi Newton）・・・・・・・・・・・・・・・　3

イントロダクション・・・・・・・・・・・・・・・・・・・・・・・・・・・　15
　　〜仕事は人なり

スーパービジョンのマジック（魔法）とパワー・・・・・・・・・・・　16

私たちの目的――なぜこの本を書いたのか・・・・・・・・・・・・・・・　16

「学びの関係」とは何か？・・・・・・・・・・・・・・・・・・・・・・・・・・・・・・・　18

　　　共感と厳しさ・・・・・・・・・・・・・・・・・・・・・・・・・・・・・・・・・・・・・・　19

私たちの概観（見方）――この本を書くまでの経緯・・・・・・・　20

コーチ・スーパーバイザー・・・・・・・・・・・・・・・・・・・・・・・・・・・・・・・　23

　　　スーパーバイザーの特質・・・・・・・・・・・・・・・・・・・・・・・・・・・　25

本書の使い方・・　27

　　　誰のためのもの？・・・・・・・・・・・・・・・・・・・・・・・・・・・・・・・・・・・　27

　　　何のためのもの？・・・・・・・・・・・・・・・・・・・・・・・・・・・・・・・・・・・　27

　　　他の特徴は？・・・・・・・・・・・・・・・・・・・・・・・・・・・・・・・・・・・・・・・　28

　　Notes and Resources ・・・・・・・・・・・・・・・・・・・・・・・・・・・・・・・・　33

　　References ・・　34

1章 スーパービジョン・トライアングル
〜統合モデル ‥‥‥ 35

スーパービジョン・トライアングルとスーパービジョンの３つの機能 ‥‥ 37
　私たちのニーズとは ‥‥‥‥‥‥‥‥‥‥‥‥‥‥‥‥ 44
スーパービジョン・トライアングルを発展させる ‥‥‥‥‥ 47
　機能を組み合わせてみよう ‥‥‥‥‥‥‥‥‥‥‥‥‥ 47
統合版トライアングル ‥‥‥‥‥‥‥‥‥‥‥‥‥‥‥‥ 50
　ひとことメモ ‥‥‥‥‥‥‥‥‥‥‥‥‥‥‥‥‥‥‥ 52

Notes and Resources ‥‥‥‥‥‥‥‥‥‥‥‥‥‥‥ 53

References ‥‥‥‥‥‥‥‥‥‥‥‥‥‥‥‥‥‥‥‥ 55

2章 コントラクト（契約）
〜スーパービジョンにおけるコントラクト ‥‥ 57

３種類のコントラクト ‥‥‥‥‥‥‥‥‥‥‥‥‥‥‥‥ 60
　ソーシャル（社会的あるいは管理的）コントラクト ‥‥‥‥‥ 60
　プロフェッショナル（専門的）コントラクト ‥‥‥‥‥‥‥ 61
　サイコロジカル（心理的）コントラクト ‥‥‥‥‥‥‥‥ 62
スタート時点のコントラクト ‥‥‥‥‥‥‥‥‥‥‥‥‥ 64
マルチ・パーティー・コントラクト（複数関係者間コントラクト）‥‥ 67
マルチバラント・コントラクト（複数の力関係コントラクト）‥‥‥ 72
コンセントリック・コントラクト（同心円コントラクト）‥‥‥‥ 74
ここで伝えたかったこと ‥‥‥‥‥‥‥‥‥‥‥‥‥‥‥ 76
自分自身とのコントラクト ‥‥‥‥‥‥‥‥‥‥‥‥‥‥ 77

Notes and Resources ‥‥‥‥‥‥‥‥‥‥‥‥‥‥‥ 78

References ‥‥‥‥‥‥‥‥‥‥‥‥‥‥‥‥‥‥‥‥ 79

3章 倫理
～バウンダリー（境界）と責任 ······················· 81

あなたの倫理観は？ ······································· 82
　　倫理とは何か ··· 83
個人の価値観について ····································· 85
　　レパートリー・グリッド ······························· 85
　　行動のガイドライン ··································· 90
法的価値観について ······································· 91
　　法的にスーパーバイザーが開示すべきこと ················ 91
　　メモや記録の保持 ····································· 92

パワーと平等 ··· 94
　　倫理とトライアングル ································· 96
　　出し惜しみデータ ····································· 97
　　グループやチームへのスーパービジョン ················· 99
　　組織内コーチのためのスーパービジョングループ ··········· 101
どんな人が優れたスーパーバイザーなのか？ ················· 101
　　コーチのスーパーバイザーに求められる適性・能力 ········· 103
　　　　○ 全般的な能力 ··································· 103
　　　　○ マネジメント（管理）…専門家としてのコーチ ······· 104
　　　　○ サポート（支援）…1人の人間としてのコーチ ········· 105
　　　　○ デベロップメント（発展）…コーチとしてのコーチ ····· 105
考えを深めよう ··· 106
　　ストーリーとジレンマ ································· 109

Notes and Resources ································· 110

References ··· 112

4章 パースペクティブ（視点）
〜ワークの見方 ············ 113

ものごとの見方 ·································· 116

　トランザクショナル・アナリシス（TA）とは何か？ ··········· 117

　TA のツール ································· 118

　私たちの在り方 ······························ 119

　私たちはどのように関わるのか
　　　　──やりとり、ゲーム、ライフ・ストーリー ·········· 122

　ドラマ・トライアングルと勝者のトライアングル ············· 122

　自分のストーリーをアップデートする ················· 124

トライアングルのパースペクティブ ················· 125

　サポーティブ・パースペクティブ ················· 125

　　○ コンピテンシー・カーブ（能力曲線）················· 127

　　○ スーパービジョンが意味すること ··············· 128

　　○ ドラマ・トライアングルを使う ··············· 129

　マネジメント・パースペクティブ ················· 131

　　○ 組織文化 ····························· 133

　デベロップメント・パースペクティブ ··············· 135

　　○ スーパービジョンにおいて「アクションリサーチ」は
　　　 どのような意味を持つのか？ ················· 135

　コラボレーション──マネジメントと
　　　　　 デベロップメントをつなぐもの ··············· 136

　　○ セブン・アイ・モデル ···················· 136

　　○ コンバージェント（収束）・プロセス ············· 139

　コンタクト（つながり）を作る ·················· 141

　スーパーバイジーを理解する ··················· 144

　あなたのアプローチを選び取ろう ················· 145

Notes and Resources ················· 147

References ························ 149

5章 実践
～実際のところ、何をするのか ·········· 151

スーパービジョンの進め方 ························· 153
1対1のスーパービジョン ························· 153
　スーパービジョンを始めるにあたって ············· 154
　セッション（ワーク）の流れ ····················· 156
　クライアント・リストのレビュー ················· 157
　スーパービジョン・チェックリスト ··············· 158
　スーパービジョンでの役割の変化 ················· 161
　パラレル・プロセスについてのメモ ··············· 162
　　○ リフレクション時に役立つ質問 ··············· 164
グループ・スーパービジョン ······················· 167
　グループ・スーパービジョンのメソッド（手法） ····· 169
　　○ グループ内での1対1のスーパービジョン ······· 170
　　○ サジェッション（提案）サークル ············· 170
　　○ 観察とフィードバックの進め方 ··············· 170
　　○ 録音されたセッションの再生 ················· 171
　　○ プロセス・レビュー ······················· 171
　　○ 反応のシェアリング ······················· 171
　　○ 一時停止ボタン ··························· 172
　　○ バトン ································· 173
　　○ リスニング・イン ························· 173
　　○ ロールプレイ ····························· 174
　　○ マッピング ····························· 174
　　○ リレー・スーパービジョン ··················· 175
　　○ 形・触覚・配置 ··························· 175
　タクタイル・イマーゴ ························· 176
　グループ・イマーゴ ··························· 179
グループ・スーパービジョンをリードする ············· 181
　ステージ1：イメージング（事前グループ・イマーゴ） ···· 182

ステージ2：ミーティング（順応するグループ・イマーゴ）・・・・・・ 184

ステージ3：アングリング（機能するグループ・イマーゴ）・・・・・・ 185

ステージ4：さらに進める（再順応するグループ・イマーゴ）・・・・ 186

グループの終わらせ方（終了時間）・・・・・・・・・・・・・・・・・・・ 187

組織内のインハウスコーチを対象とした

グループ・スーパービジョン ・・・・・・・・・・・・ 190

覚えておくべきこと ・・・・・・・・・・・・・・・・・・・・・・・・・・ 190

サポートを得る ・・・・・・・・・・・・・・・・・・・・・・・・・・・・・ 192

スーパーバイザーのスーパービジョン ・・・・・・・・・・・・・・・ 192

ビリーフ（信念）・・・・・・・・・・・・・・・・・・・・・・・・・・・・ 193

脆弱性（外部からの影響を受けやすい状態）・・・・・・・・・・・・・ 194

アセスメント - 評価 - 判断（ジャッジすること）・・・・・・・・・ 195

すでに持っていた能力と、学び続けること ・・・・・・・・・・・・ 197

スーパーバイジーの務め ・・・・・・・・・・・・・・・・・・・・・・・ 197

Notes and Resources ・・・・・・・・・・・・・・・・・・・・・・・・ 200

References ・・・・・・・・・・・・・・・・・・・・・・・・・・・・・・・・ 202

6章 学習
～人生脚本とストーリー ・・・・・・・・・・・・・・・・・・・・ 203

どのようなタイプの学習なのか？ ・・・・・・・・・・・・・・・・・・ 205

学習を振り返る（リフレクション）・・・・・・・・・・・・・・・・・ 208

経験学習サイクル ・・・・・・・・・・・・・・・・・・・・・・・・・・ 210

○ 学習スタイル ・・・・・・・・・・・・・・・・・・・・・・・・・ 212

○ ディスカウント、問題解決、そして科学者であること ・・・・・ 213

○ ズールの転換ラインと脳 ・・・・・・・・・・・・・・・・・・・ 215

学習環境を整える ・・・・・・・・・・・・・・・・・・・・・・・・・・ 216

○ ここで伝えたかったこと ・・・・・・・・・・・・・・・・・・・ 219

人生脚本とストーリー ・・・・・・・・・・・・・・・・・・・・・・・・・ 219

スーパービジョンで学習サイクルを使う ・・・・・・・・・・・・・・ 223

ストーリーボード ・・・・・・・・・・・・・・・・・・・・・・・・・・ 225

スーパービジョンの人生脚本システム ・・・・・・・・・・・・・・・・・・ 226

スーパービジョンの目的 ・・・・・・・・・・・・・・・・・・・・・・・・・・・ 232

ストーリーを語る ・・・・・・・・・・・・・・・・・・・・・・・・・・・・・・・・・ 233

終わり、そしてセレブレーション（ポジティブな気持ちで終わる）・・・ 233

Notes and Resources ・・・・・・・・・・・・・・・・・・・・・・・・・・・・ 235

References ・・・・・・・・・・・・・・・・・・・・・・・・・・・・・・・・・・・ 239

謝辞 ・・・ 240

訳者 謝辞 ・・・・・・・・・・・・・・・・・・・・・・・・・・・・・・・・・・・・・ 242

索引 ・・ 243

Introduction
How we work is who we are.

イントロダクション　　〜仕事は人なり

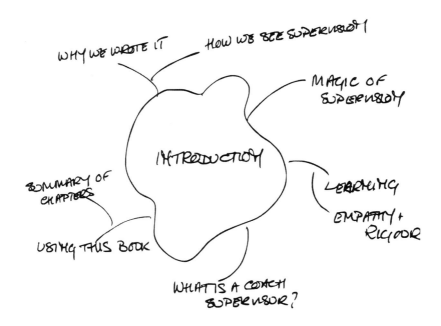

スーパービジョンのマジック（魔法）とパワー

　スーパービジョンセッションの始まり。それはまるで、ステージの幕が開くようなものです。あなたはすでにショーのプログラムに目を通しています。照明が落とされ、いよいよ赤いベルベットのカーテンが開きました。しかし、舞台には別のカーテンがかかっていて、その奥はまだ見えません。何かが起こりそうですが、それはまだイメージでしかなく、現実にはなっていません。そのうちに照明が舞台を照らし始めると、あなたは舞台のカーテンがとても薄いことに気づき、向こう側にいる人物やその動きが見えるようになります。舞台の奥行きや広さが余すところなく明らかになったのです。私たちは今、価値のある何かを手にしようとしています。

　私たちが最も成長できるのは、自分が安全で安心できる環境にあるときです。何かに挑戦し、冒険できるだけの安全な環境、そして自分の失敗を隠すことなく、（たとえそれが意図なく露呈しても）認められるだけの安心できる環境が必要なのです。自分自身を明らかにすることへの恐れがないとき、そこには対等な視点があり、私たちは自らの力を適切に発揮できます。

　そこでは互いに責任の範囲を話し合い、合意し、継続することも必要です。そのような関係性のなかで、隠されていたものが明らかになり、曖昧であったものが明確になり、暗闇に覆われていたものが光の中で喜びに変わるのです。スーパービジョンとは、まさにこのような関係を言います。

私たちの目的——なぜこの本を書いたのか

　コーチのためのスーパービジョン。その基盤はコーチとスーパーバイザーとの人間関係であり、私たちはすべての学びがそこに存在する相互の関係性から生

じると信じています。また、私たちは「仕事は人なり」とも考えています。スーパービジョンとは基本的に、コーチとスーパーバイザーが互いの存在を通じてコーチとしての「人となり」、および、それを仕事として「どのように」表現するのかを継続的に確認する場であるとみています。「どのように」仕事をするか？ その変化と発達に応じて、コーチとスーパーバイザー双方の「人となり」も成長するのです。

　私たちはコーチのためのスーパービジョンについて、多くの経験を積んできました。そのなかで、クライアントとコーチの成長を支えるのはもちろんですが、そこに関わるスーパーバイザー自身の成長とその専門性の発達という、より幅広いシステムについても、効果を最大限にする方法を確認することができました。また、コーチのためのスーパービジョンがさまざまな倫理観や価値観を幅広く分かち合うきっかけになることを大きな喜びとしています。こうした柔軟性を築くこと自体が、自らをコーチングするようなものだからです。

　その反面、私たちはスーパービジョンの進め方に関して、コントラクトに基づいていることを確実にすべきだと考えています。スーパービジョンでは、このコントラクトという関係を維持し発展させる必要があります。また、コーチのためのスーパービジョンは、以下に示すいくつかの点において一般的なコーチングのモデルに沿うべきだと私たちは強く信じています。

1) 一定の構造を共有します。
2) 同じ明確な目的を持ちます。
3) 前向きな活動であり、特定の成果を目指すものです。
4) 最終的に、その成果は「コーチの行動の変化」という目に見える形で明らかになります。

　コーチングは急速に広まり、今では1つの専門的職業として認知されていま

す。しかし、その専門性を高めるためのスーパービジョンについては、まだ受け入れられ始めたばかりです。私たちは、コーチの職業的責任においてスーパービジョンが必須であると信じています。コーチングの領域が広がるにつれて、コーチとしての適切なトレーニングを受け、幅広い見識を持った人物がますます求められています。スーパービジョンを経験したコーチは、テクニックはもちろん、コーチングに関する倫理や責任を理解し、この発展途上の領域にさらなる明確さをもたらすでしょう。私たちが行うコーチのためのスーパービジョンの主要なテーマの1つは、クライアントや組織に対して、コーチングの専門性についての説明責任を果たすことです。それは、個人とプロフェッショナル、人間関係と責任とのはざまでの絶え間ないやりとりを必要とします。

「学びの関係」とは何か？

「学び」とは人と人との間で生じるものです。私たちが行ってきた、個人やグループを対象としたスーパーバイザー・トレーニングからもさまざまなアイデアや考察が生まれてきました。そして、これらのアイデアや考察によって、私たちはスーパービジョンが「学びの関係」となる理由や、そのような関係を作り出す方法への理解を深めることができました。私たちは、人間関係という場こそが相互の理解を生み出し、真実を明らかにするものだと信じています。それは、コーチングだけに限ったことではありません。最も望ましい「学びの関係」には、可能性と安心感の両方があるでしょう。個人への批判は存在せず、気づきと承認による学びがあり、そこからまた新たな気づきが生まれ、学びとなる上昇スパイラルをもたらします。パートナーを組む人たちが互いに誠実であれば、そこにあるのは学ぶことへの喜びであり、自分を明らかにすることへの恥ずかしさは存在しません。その仲間内には自律性が存在し、力の均衡が保たれ、互いの存在

が全面的に受け入れられるような感覚があるはずです。

――「仕事は人なり」のエッセンス（真髄）――

人間関係。これこそが、スーパーバイザーが提供できる最もパワフルなものです。それは、リアルな人間関係です。私たちは現実に存在しており、感情と理性の両面から反応します。そして、そのような存在としてスーパービジョンという場に自らを差し出すのです。この関係は、率直さと誠実さを伴った効果的なものであり、その目的は目の前にある現実の問題を解決することです。しかしながら、そこには思いやりも欠かせません。私たち1人ひとりが自分という存在をより明確にすることが、何より大切です。

―― ダイアナ・シュムクラー（Diana Shmukler），2010 ―

共感と厳しさ

　私たちの理解では、スーパービジョンとはコントラクトに基づいた関係であり、そこには共感と厳しさが伴います。コントラクトは関係性の枠組みとなります。コントラクトによって、その目的と役割を定め、スーパーバイザーとスーパーバイジーがどのような関係性なのかを明確にします。

　スーパービジョンの関係で特に重要になるのは、「枠組み」と「中身」のバランスをしっかりと保つことです。「枠組み」とは明確な構造を持ったコントラクトであり、「中身」とは学習の大幅な促進につながる共感的な理解と洞察を意味します。

　スーパーバイザーとコーチ、もしくはコーチとクライアントの間に明確なコントラクトがなかったとしたら、私たちはゴールを達成したのか、そもそもゴールに向かって進んでいるのかを見極めることができないでしょう。そして、倫理的なジレンマに陥っていないか、個人の成長、新たなチャレンジへの障害、管理能

力の向上などの課題について、単なる手助けではなく真に専門的で価値ある協力体制が築けているか。このような疑問にも明確な答えを出せなくなります。

　共感的な関係性がないところでは、信頼や相互理解という条件が整わないので、真の学びには至らないでしょう。

私たちの概観（見方）──この本を書くまでの経緯

　私たちは、まったく異なる専門分野に身を置いてきました。

　ヒラリーはプロのダンサーとして仕事を始め、その後、IT 関連のセールスの仕事に就きました。彼女が初めてコーチングを受けたのもその頃です。その後、NLP（神経言語プログラミング）コーチとしての訓練を受けましたが、次第に他のコーチのメンターやスーパーバイザーとなり、長年コーチの養成に努めています。彼女は企業のさまざまな部門において、個人、グループ、チームに対するコーチ、およびスーパーバイザーとして活躍しています。

　トゥルーディは生涯学習や地域のコミュニティ開発といった社会福祉分野で活動してきました。そして、約 20 年前に TA 教育分野の教授メンバーとなり、その後も TA スーパーバイザー、およびトレーナーとして認められてきました。彼女は教育に関する幅広い分野で国際的に活動しています。その活動には、コーチへのスーパービジョンに関する執筆や研究も含まれます。

　ある日、コーチ・スーパーバイザーを対象としたトレーニングセミナーがコリン・ブレットによって開催され、私たちはそこで出会いました。

　ヒラリーはこう言っています。「このトレーニングセミナーは、私の心を大きく燃え上がらせるものでした。１つ目のポイントは関係性に焦点が当てられていたことです。コーチングのやり方よりも、他の人を目の

前にして自分がどのような存在であるか、どのような意図を持ってそこにいるのかといった、コーチとしての在り方が強調されていました。2つ目に強調されていたのはコントラクトについてです。そのおかげで、私は自分がコントラクトについて真に理解していなかったことに気づきました。この2つは、私自身の行動とそのやり方を完全に変えてしまいました。トレーニングセミナーの初日、トゥルーディは彼女自身のスーパービジョンの定義を私たちに話しました。その定義は『（クライアントとのワークにおける）専門性のなかに、（コーチ自身の）個性が割り込む様子を観察する』といったもので、その話は私を大いに刺激しました。なぜなら、それこそが私が自分に足りないと感じていた点であり、自分の課題としてサポートを必要としているものだったからです。もちろん、私たちは『自分自身』を見ています。しかし、それは『自分のワークのなかで、それがどのように発揮されているか』という状況での観察にすぎません。セミナーの間、それがいつも私の意識に引っかかっていたのです！　関係性の意図を明らかにすること。明確なコントラクトを交わし、適切な境界を保つこと。そして、自分が何をしているのかを真に理解すること。私はそこから生じるパワーと可能性を理解し、全面的に同意することができました」。

　トゥルーディはこのように言っています。「私がコーチング領域におけるスーパービジョンというテーマに魅力を感じたのは、コーチングが『今、ここ』での行動を促すからです。コーチにもさまざまな個性があり、コーチング自体も短い期間で行われる傾向にあります。今この瞬間、物事をうまくやるためにできることがきっとあるに違いない――この信念に私は引きつけられたのです。もちろん、エリック・バーン（Eric Berne）による古典的な TA との共通点もありました。私たちが、『今、ここ』の瞬間においてアダルト（A）の立場から問題に取り組んでいるとしたら、それは互いへの敬意に満ちた OK なやり方です。また、人々は自分のた

めに考えることができる。人々は存在として OK である。自分のやり方が役に立たないことを学んだとしたら、別のやり方を学ぶことができる。こうした TA の哲学もコーチングにとって有効だと信じています。これはまさに、優れたコーチが日々実践している事柄だったのですが、その気づきは私にとって大きな刺激と感銘をもたらしました」。

2人の立場の違いは一種のパラドックスだと言えるでしょう。自らのビジネス上のバックグラウンドを基に、コーチへのスーパービジョンに対して「心理学的」、あるいは「メンタル面」からアプローチするヒラリー。これに対して、TA というサイコダイナミクス（精神力動的）な立場から、コーチングのプログラムに準じた実用面に価値を見いだすトゥルーディ。この違いは執筆や対話を重ねるごとに明確になっていきました。それは、スーパービジョンとは「何を？」という視点と、「どうやるのか？」という視点の違いでした。

私たちはコリンと共にスーパーバイザー・トレーニングコースを発展させました。このコースは、今ではイギリスだけでなく南アフリカやリトアニアでも開催されています。

ヒラリー：「ここ数年、コーチのためのスーパービジョンという考え方が、より広い分野で取り上げられるようになりました。こうした考えが、ある程度受け入れられるようになったのは良いニュースです。この分野には探求すべきテーマが数多く残っています。私たちは、これまでトレーニングを行った方々と共に、これからも探求と創造を続けていくでしょう。なぜなら、こうして得られたものを「システム」に還元することで、好ましい影響がすぐに生じるからです。私はこの本をお読みになった全ての方が、コーチのためのスーパーバイザーとして刺激とサポートを得られることを望んでいます。次はあなたが、ご自分の経験と知恵を私た

ちにシェアしてください」。

コーチ・スーパーバイザー

コーチングに携わる人々に対して、スーパーバイザーは彼らが「良いコーチ」であってほしいと願います。そして、「存在としても真に素晴らしいコーチ」を育成し、彼らをサポートしたいと強く望んでいます。どのようにして、人々は「良いコーチ」から、「真に素晴らしい存在」へと移行するのでしょうか？ 行為のレベルから、存在のレベルへの変化という魔法はどのようにして起こるのでしょう？

このような変化をコーチにもたらすため、現実問題として私たちに何ができるでしょうか？ コーチングによってクライアントの不適切な行動が強化されないように、また、限られたコーチングの時間内でクライアントによい変化をもたらせるよう、私たちはコーチをどのように手助けできるでしょうか？ また、コーチ自身の課題やパーソナリティーが彼らの専門性に影響していることや、クライアントの領域を侵害したことに気づく必要もあるでしょう。コーチたちがそれに気づいたとき、彼らはそこからどう進むのでしょう？

スーパービジョンはコーチに対するコーチングではありませんし、コーチを通じたクライアントへのコーチングでもありません。スーパービジョンとは、コーチとクライアントの関係性を見ていくことです。そうしながら、私たち（スーパーバイザー）自身のプロとしての能力に磨きをかけ、知識の質を高め、倫理的に行動することで、コーチとクライアント双方の安全を保つのです。本書では、コーチングの領域におけるスーパービジョンに的を絞って話を進めます。セラピー、カウンセリング、マネジメントなど、他の分野から数多くのスーパービジョンに関するモデルがコーチングの領域に取り入れられて導入されています。コーチングに特化した専門的役割とは、学習や訓練を積み重ねるだけではなく、

同時に、コーチとクライアントとの関わりからの学びについてフィードバックすることです——それは、共に考え、共に学び、互いの知識を拡大することなのです。

　ここで私たちがお伝えする事柄は、前述したコーチング・デベロップメント社のコーチトレーニングのなかから生まれ、発展してきたものです。このトレーニングの受講者にとっては、とても心を動かす内容のはずです。私たちはこの内容がコーチ・スーパーバイザーはもちろん、専門家を支援するあらゆる人々の役に立つものだと考えています。

　本書は実績のある他のトレーニングの代わりとなるものではなく、スーパーバイザーがそれまでに得た経験を拡大、検証、発展させることを目的としています。

　こうした取り組みを始めるにあたり、私たちは試験的なコーチ・スーパーバイザー・トレーニングに着手したのですが、そこで「スーパービジョン」、「メンタリング（指導・教育）」、「コーチング」という用語に混乱があることに気づきました。そして、私たちのやり方は、スーパーバイザー（スーパービジョンを行う人）初心者と、スーパーバイジー（スーパービジョンを受ける人）初心者の双方が、効果的なスーパービジョンの関係性について何を求め、そして、期待するのかを自らが考えるように励ますというものです。

　私たちは、以下のような質問をしていました。あなたにも役立つかもしれません。

◇ あなたにとって、効果的なスーパーバイザーの特質とはどのようなものですか？

◇ 自分が効果的な存在であるとき、あなたはどのようにしてそれに気づくでしょうか？

◇ それらを実現するには、何を学ぶ必要がありますか？

◇ 効果的なスーパーバイザーとなるために行っていること、あるいは過去に行ったことはなんですか？

・それはどのような点で有効でしたか?

・その有効性を高めるためにどのようにしましたか?

・有効な手法をどうつくりましたか?

・有効ではなかったことはなんですか?

・そこから何を学びましたか?

◇ スーパーバイザーとしての自分自身について、何か気づいていることがありますか?

◇ スーパービジョンのプロセスのなかで触発されたあなた自身の信念・思い込み・個人的問題は何でしたか?

スーパーバイザーの特質

先ほどの質問には、いくつもの興味深い反応が返ってきます。いくつか例を挙げてみましょう。

効果的なスーパーバイザーとは、他の誰かを元気にできる人だ……自分自身のことを深く理解してもなお、自分を好きでいられる人だ……対等な状況を楽しみながら、OK-OK の関係を保てる人だ……自分の体験と意見を持ちながらも、他の人の学びを喜べる人だ……プロセスのなかでの力関係を意識しつつも、自分という存在から反応できる人だ……自らを1つのツールとして用いながらも、必要があれば、自分の弱さを見せたり権威者の立場に立ったりすることを迷わない人だ……探求のための挑戦を欠かさず、熟練した指導者になるための努力を粘り強く続ける人だ……。

これらをまとめるなら、その人物はつねに学習と成長を続け、ペトリューシカ・クラークソン(Petruska Clarkson)が「マスター」(33 ページ参照)と名づけた「意識づけされた能力」を持ち続けている人だと言えるでしょう。その人物は、自分の行動と存在の在り方に気づいており、現状を見ずにすべてが上手くいって

いると思い込むような無意識的な能力過信をせず、無意識的な機能不全のリスクを避ける人です。

　あなたはこのような望ましい特質が、スーパーバイザーだけでなくコーチやメンターにも同じくらい必要だと思われるかもしれません。これには私たちも同意します。しかしながら、スーパーバイザーにはそれらを超えた何かがあり、私たちはその何かを見つけ出すことができると考えています。優れたスーパーバイザーは、ときには彼らが持つコーチングやメンタリングのスキルを活用します。しかし、そうした一瞬の判断は、コーチの視点を超越した、より俯瞰的な視点（メタ・パースペクティブ）による気づきに常に支えられているのです。

　優れたコーチであるために、なんらかの心理学的な基盤が必要か否かという点は、今日でも議論の対象となっているところです。"The Complete Handbook of Coaching"（34 ページ参照）では、コーチングに関して 13 の心理学的アプローチと 11 のコーチングの「形式」や内容が書かれています。コーチや彼らのクライアントの関心に、こうした心理学的知識の全てがマッチするものではないでしょう。しかし、スーパービジョンにおいては必要となります。専門的取り組みのなかに何らかの個人的課題が侵入したとき、あなたはどのようにしてそれに気づき、対処するでしょうか？　また、変化の可能性やそれに伴うリスクをどのように見極めるでしょうか？　この質問に答えるには、何らかの心理的モデルへの理解が必要になります。

　本書のテーマは、そのためのスーパービジョンの枠組みを探求し、使いこなすことです。

　私たちは、「何が人を動かすのか？」を理解するためのモデルとして、TA（トランザクショナル・アナリシス：TA 心理学）をベースとしました。そして、このベースに認知的側面と精神力動の知見から、NLP、ソリューション・フォーカス、ポジティブ心理学の内容を加えています。

コーチのためのスーパービジョンとは、

◇ コントラクトの関係に基づくものです。

◇「仕事は人なり」を実証するものです。

◇「目に見える変化をもたらす」点で、コーチングの実践的モデルとなります。

◇ 専門家としての説明責任を保証するものです。

◇ 成果を探求するための安全な領域を提供するものです。

◇ お互いの学びの場です。

◇ 共感（ラポール／つながり）のある進め方（コントラクト）をします。

本書の使い方

誰のためのもの？

　スーパーバイザーとしてある程度のトレーニングを受けた方。また、そこで得たスキルを実践している方。実践の継続とコーチ・スーパービジョンのフィロソフィーについて発展を望んでいる方。そして、発展途上であるこの専門領域について、継続的にその発展に関わろうとされている方。

何のためのもの？

　本書は、次のような役割を意図しています。

◇ 専門性、および能力の向上に関心をもつ、全ての方の議論の場として。

◇ 私たちや他の人たちからの情報で、自らを拡張し、アップデートし、専門家として成長、発展するための実践的考えの場として。

◇ 自分たちの考えを発展させる読者／ユーザーのリソース、ワークブックとして。

◇ インスピレーションの源として。

全体としては、本書はコーチングの領域において理論的サポートを受けながらスーパービジョンを行うための実践的ガイドだといえます。ですから、コーチへのスーパービジョンに関する包括的視点を提供するものでも、従来のアプローチを置き換えようとするものでもありません。本書の内容は、私たちの体験と理解に基づくものです。私たちはそれを、共に成長し発展するための助けとして皆さんにお届けしたいと思っています。

　本書でシェアしている事柄は、私たち自身のスーパービジョンの体験と、教えてきたなかや人生において影響を受けた事柄やインスピレーションに基づいています。

　アカデミックな用途を意図して書いたものではありませんが、私たちの見解と物事への取り組み方の根拠は明らかにしています。こうした根拠について、よりくわしく知りたいと思われる方は、各章の最後にある Notes and Resources と References（参考資料）をご参照ください。

他の特徴は？

　自らの考えや体験から学んだことを文章にするとき、私たちはそれを「私たち（we）」という言い方で語っています。実際にはその文章を書いたのが私たち2人のうちのどちらか一方であったとしてもです。そのため、あなたはその「声」の違いに気づくことがあるかもしれません。場合によっては、スーパービジョンの体験談のなかで使われる「私たち」という言葉が、実際には1人の「私」を意味することもありますし、その体験を共有した「私たち」を意味することもあります。本書に掲載されている体験談には、私たち自身の体験だけでなく、私たちの同僚の体験も含まれています。そして、その体験談の多くは、私たちがよく体験するいくつかの状況を混ぜ合わせたものになっています。そうすることで考えがより明確になり、理解を深めるきっかけとなるからです。体験談の状況や登

場人物の名前は適切に変更していますし、「彼」「彼女」の使い分けも可能な限り偏らないように調整しています。

　本書のなかでは、「OK」「ストローク」「ゲーム」といった、いくつかの TA 用語を用いています。4 章の「パースペクティブ（視点）」で、よく使われる TA の理論について説明しています。その部分を読むことで、セッションやスーパービジョンのなかで生じている事柄に気づく枠組みとして、TA の考え方をどのように活かせるのか理解できるでしょう。

　この本で用いる用語について：

「スーパーバイザー」とは、特に断りがない限りコーチに対するスーパーバイザーを意味します。コーチ・スーパーバイザー。

「コーチ」とは、スーパービジョンを受けているコーチを意味します。スーパーバイジー。

「クライアント」とは、コーチのクライアントを意味します。クライアントは個人、あるいは組織の場合があります。

本書には、以下の 6 つのテーマがあります。

スーパービジョン・トライアングル（The supervision triangle）

　私たちのトレーニングの土台となる 1 つのモデルをご紹介します。このモデルは、スーパーバイザーとして私たちは何をするのか？　また、スーパービジョンに求められる基本的なタスクのバランスとは何か？について、適切な見方を提供するものです。

コントラクト（契約）（Contracts）

　これもカギとなるコンセプトであり、効果的なワークを行うための基盤となります。私たちは何のために集まり、何を知り、理解し、行うのかを決定する

ことです。さまざまな状況に応じたコントラクトの変化にも着目できるでしょう。

倫理（Ethics）

明確なコントラクトによって、私たちはスーパービジョンの境界線を定めます。そして、境界線を定めることで、領域や潜在的な脅威を識別し、関連する価値基準や原則をどのように実践していくのかを判断します。

パースペクティブ（視点）（Perspectives）

自らのワークをどのような視点から見るか。私たちの行動に影響を与えている信念や価値観をどのように探求するか。相手（コーチ）とどのように関わり、ワークをいかに進めるか。こうした点について、いくつかの有効なモデルをご紹介します。

実践（Practice）

スーパーバイザーは実際に何をどうするのか？　1対1のワーク、グループに対するワーク、そして組織内でのワークにおいて、どのパースペクティブを選び、それらがどう変化するのか見極めながらスーパービジョンの進め方やメソッドを再検討します。

学習（Learning）

スーパービジョンでの学びは、どのようにして起こるのか？　ここでは、訓練や学習の裏づけとなるいくつかの理論を検討します。神経科学分野における発見と、脚本理論、学習理論、関係性アプローチ等との関係についても取り上げています。

各章の先頭には、その章で扱う内容のマップ（図）を掲載しています。また、各章の末尾には、関連する内容を示す Notes and Resources および、より深く学びたい方のための References（参考資料）を挙げています。

　それぞれの章は、重要だと思われる順に従って配置しています。先頭から読み進めることもできますし、あなたの必要に応じた箇所から読み進めることもできます。例えば、より実践的な内容を取り入れるため 5 章から読み始めることもできるでしょう。いずれにしても、それぞれの章は互いに関連しながら、この本全体を通じてカギとなるテーマへの理解が深まるように作られています。

　エクササイズを楽しむために、私たちはいくつかの小道具を用意しました。1 つ目はいくつかの小石のセットです。これは 5 章で説明しているタクタイル・イマーゴを作りだすためのもので、グループや組織のイメージづくりに活かすことができます。他にも写真のセットとインデックスシールがあります。これらは 3 章のエクササイズに用いることができます。あなたはこの本を一種のツールキットとして利用し、あなた自身の小道具を付け加えていくことができます。

Tomoko's Voice

本書では、小道具は写真のみ巻末に用意しています（ご自身のお好きな写真を使っていただいても構いません）。
タクタイル・イマーゴのワーク（5 章）は、100 円ショップ等で販売されている小さなフィギュアなどで代用してみてください。

私たちは、あなたがコーチ・スーパービジョンについて体験と研究を重ね、その成果を私たちにシェアしてくださることを願っています。

　supervisionforcoachespublishing.com のページから、あなた自身のアイデアを私たちに届けてください。私たちはこのサイトを、本書に関する追加資料を提供する場としてだけでなく、コーチへのスーパービジョンに関する討議と研究の場として活用したいと考えています。

Notes and Resources

◆「How we work is who we are…」という1節は、2010年開催のIARTAカンファレンスにおけるダイアナ・シュムクラーの基調講演で話されたものです。心理セラピストであり、心理学教授でもある彼女の講演の全文は "Relational Transactional Analysis: Principles in Practice" (2011) に掲載されています。この1節は、私たちのアプローチを明確な一言で表したものであり、大きな力を与えてくれました。彼女の基調講演はセラピストとしての立場からなされたものでしたが、この原則はスーパービジョンにも当てはまるものですし、ワークのなかでしばしばセラピー的な効果が生じる理由を明らかにするものだと言えます。

◆ "The Achilles Syndrome" の著者であるクラークソンは、体験から学ぶことについてよく知られた以下のモデルについて論じています。

> 無意識的であり能力も不足している：「愚か者」
> 意識的ではあるものの、能力が不足している：「見習い」
> 意識的であり、能力もある：「マスター」
> 無意識的に能力を発揮する：「ロボット」

このようなネーミングは、ワークのなかで求められる気づきのレベルを目立たせるものです。マスターは意識的に目覚めた専門家です。マスターは無意識的・機械的に能力を発揮するのではなく、ワークのあらゆる側面に十分な注意を払う人物です。

◆ 私たちが受講したコーチング・デベロップメント社のコーチトレーニング（Coach Supervisor Training）は、現在でも Coaching Development という名称で実施されています。開催場所や日時の詳細は、www.coachingdevelopment.com をご覧ください。

References

Clarkson, P. I994, The Achilles Syndrome: Overcoming the fear of failure. Shaftesbury: Element Books

Shmukler, D. 2011, The Use of Self in Psychotherapy. Key-note address, London IARTA Conference, in Fowlie, H. & Sills, C. (eds) 2011, Relational Transactional Analysis: Principles in Practice.London: Karnac

Cox, E., Bachkirova, T., Clutterbuck, D. (eds) 2009, The Complete Handbook of Coaching. London: Sage

1章

THE SUPERVISION TRIANGLE

スーパービジョン・トライアングル

……統合モデル

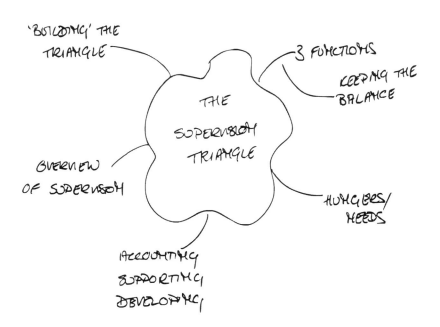

ある日、私はスーパーバイザーとして1人の女性とセッションを行いながら、自分自身がスーパービジョンを必要としていることに気づきました。私たちは毎回違うクライアントについて話をしているのに、そこでは常に同じような問題が生じており、セッションのたびに壁にぶち当たっていたのです。

　私はスーパーバイザーとして行き詰まり、解決策があるとは思えずにいました。スーパービジョンが何らかの変化や成長をもたらす場になっておらず、私たちはただ時間をやり過ごしているだけだったのです。

　この退屈なプロセスについて私のスーパーバイザーに話すと、「で、どんな気持ちなの？」とたずねられました。

　私の気持ちですって？　ウンザリしていました！　成長しないスーパーバイジーとのセッションをこれ以上続けたくなかったのです！

　でも、そうさせたのはおそらく私自身でした。「あなたはよくやっている」と伝え続けることで、彼女を安心の罠に引きずり込んでいたのです。私自身、彼女が順調だとはまったく思ってもいなかったのに。

Tomoko's Voice

スーパーバイザーもスーパービジョンを受けます。自分のスーパーバイザーを複数持っていることが一般的です。

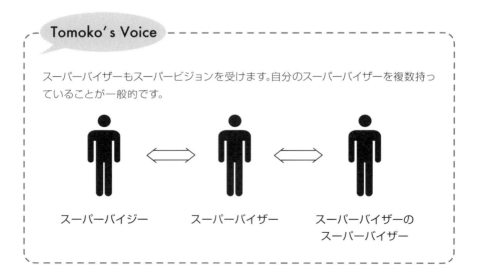

さて、あなたはスーパービジョンについてどんなイメージを持っていますか？思い浮かぶ言葉をすべてリストアップしてみましょう。そのなかから関連しそうな単語をまとめて、いくつかのグループに分けていきます。もし、それぞれのグループに名前をつけるとすると、「援助・支援」「重荷を下ろす」「挑戦」「発展」などとなるのではないでしょうか。

もう少し本書を読み進めてから、再度これらの言葉を振り返ることにしましょう。スーパービジョンに対するあなたの見解がどのようなものか、わかるかもしれません。

スーパービジョン・トライアングルと
スーパービジョンの3つの機能

私たちがスーパービジョンのトレーニングを行う際、そのコースが1日であれ1カ月のものであれ、最も象徴的で頻繁に使う1つのモデルがあります。それが「3」つながりのモデル、「スーパービジョン・トライアングル」です。

このトライアングルはスーパービジョンの3つの機能（マネジメント：管理、サポート：支援、デベロップメント：発展）を表しており、1976年にカデューシン（Kadushin）によって提唱されたアイデアがベースとなっています。

図1.1のスーパービジョン・トライアングルは、経験の少ないスーパーバイザーがスーパービジョンの内容を整理し、そのプロセスを理解しながら進めるうえで適切なフレームワークとなります。また、経験豊富なスーパーバイザーにとっても、自らを振り返るための強力なツールとなるでしょう。

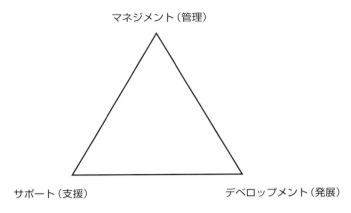

図 1.1 スーパービジョン・トライアングル

＜このトライアングルの使い方＞

◇ **統合フレームワークとして：**

　　スーパービジョンで扱うさまざまなテーマを1つのフレームワーク（枠組み）に統合します。これは、スーパービジョン全体を見渡すメタモデルとなり、実際のプロセスを分析する枠組みにもなります。

◇ **経験の浅い、もしくはトレーニング中のスーパーバイザーへのアドバイスとして：**

　　経験の浅いスーパーバイザーは、しばしば次のような問題に直面します。

　　○ 自分の実践が適切であるかどうかを、どのように判断すればいいかわからない。

　　○ 自分自身のアイデンティティーや理想を見いだせない。

　　このトライアングルはスーパーバイザーの弱点を明確にし、その領域を意識的に強化する助けとなります。

◇ **倫理観に則ったスーパービジョンができているかを確認するツールとして：**

　　1回のスーパービジョンでの目的は1つ（多くても2つ）に絞られるべき

であり、多すぎると逆にスーパーバイジーにとって不利益となります。このトライアングルを用いることで、スーパービジョンが目指す方向性を明確にすることができます。

スーパービジョン・トライアングルは多くのスーパーバイザーから高い評価を受けています。彼らは自分たちの実践について検討する際にこのモデルがひじょうに有効で、スーパービジョンのさまざまな理論を統合できるという感覚を得ています。

さらに興味深いのは、このモデルを理解したほとんどのグループで、スーパービジョンに新たな展開が生じるという点です。これこそ理論と実践が一致した素晴らしいモデルだといえるでしょう。

スーパービジョンの3つの機能は、図1.2のように著者によってそれぞれ呼び方が異なっています。

KADUSHIN カデューシン (1976)	PROCTOR プロクター (2000)	HAWKINS ホーキンス (2006)	NEWTON ニュートン (2007)
Managerial 管理	Normative 規範	Qualitative 質的保障	Accounting 説明責任
Supportive 支援	Restorative 回復	Resourcing 情報提供	Nurturative 養育
Educative 教育	Formative 発達形成	Developmental 発展	Transformative 転換

図1.2 　　　※参考資料は55ページ参照。著者名下段の（）内は文献発表年。

Tomoko's Voice

どの著者の呼び方を使用するかは、読者のこれまでの学びなどを参考に決めるといいでしょう。本書では、指定のない場合はマネジメント、サポート、デベロップメントという呼び方で統一します（図1.1参照）。

　図1.2の右端にあるニュートン（本書の著者）の定義は、それぞれの要素の重要性をより明確に表しています。

「Accounting（説明責任）」……組織を含め、あらゆる個人と集団に対し、より俯瞰的な（メタレベルの）視点を提供する。

　セッションがコントラクトや状況に沿ったものであるか、倫理的な問題はないか、適切な基準のもとに行われているか、という点に着目します。また、状況に応じて、組織の文化や多角的コントラクト、スーパーバイジーの能力レベル、境界の明確化について考慮する必要があります。この機能は、常にセッションの目的にフォーカスし続けます。そのため、多角的コントラクト（69ページ参照）の歪み、スーパーバイジーが意識していない盲点、思い込み、偏見などを明らかにする助けとなります。

「Nurturative（養育）」……サポートする。承認と勇気づけを提供する。

　スーパーバイジーにとってクライアントとのワークは少なからずプレッシャーを感じるものですから、その状況において注意深さを維持し、共感を示し続けることは難しいものです。養育的機能とは、こうしたスーパーバイジーへの感情的サポートです。また、スーパーバイジーが自分自身を振り返るための安全な場を作る役割もあります。この安全な場のなかで、スーパーバイジーは自らのニーズ、クライアントとの慣れ合いの

危険性、ストレスによる燃え尽きや身体的不調に気づくことができます。スーパーバイジーの熟練度によって使い分ける必要がありますが、おそらくトレーニング中のスーパーバイジーにとってはいちばん大切な機能ですし、経験豊かなスーパーバイジーにとってもまた、なくてはならないものです。

「Transformative（転換）」……スーパービジョンによって新たな道を切り拓く。

スーパーバイジーの成長を促すための機能です。例えば、

- ・理論をどのように実践し洗練させていくか。
- ・今以上に自分自身やクライアント、その他の人の反応に気づくために、どう取り組むか。
- ・今何が起こっているのか、現状の理解と介入の手法をどのように研ぎ澄ませばよいか。

などについて理解を深め、考える手助けをします。さらには、新たな情報や手法を提供したり、トレーニングを進化させたり、スーパーバイジーのアイデンティティーや自己コントロール能力の発達を支援するのもこの機能の役割です。

こうした成長によって、スーパーバイジーは自らのワークを工夫し、次のステップを自主的に選択するでしょう。これは、彼らがスーパーバイジーからスーパーバイザーへと成長するためにも役立ちます。また、他のグループに関わる場合にも有効です。

　この3つの機能を、なぜトライアングルにしたと思いますか？　そう、これらはまるで三脚の椅子のようなものなのです——1本でも足が欠けた椅子は使いにくいというより、まったく使いものにならないと言っていいでしょう。三脚がバランスよく存在しているからこそ、必要な機能を果たすのです。

例えば、スーパーバイジーがクライアントとの関わりのなかで深刻なトラウマを抱えていたり、クライアントとの境界を明確にできずにいたりすると、その時点でスーパーバイザーとして求められている特定の機能を重要視してしまうはずです。しかし、1本の脚に重心が偏りすぎると三脚はぐらつき、倒れてしまいます。スーパービジョンでも同様のことが起こるのです。

　図1.3をチェックすることで、スーパーバイザーとスーパーバイジーの双方が偏りに気づけるかもしれません。

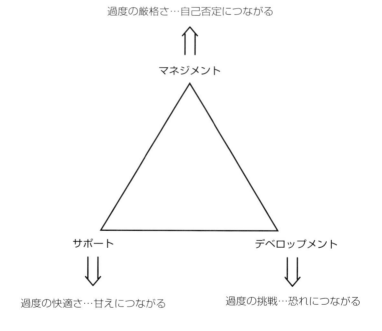

図1.3 機能が偏った場合の危険性とバランス

　このモデルは1つの機能に偏ることの危険性（結果としての甘えや恐れ、自己否定）を示すことで、それぞれの機能が適切にバランスを取ることの大切さ

を表しています。また、どれかの機能が弱すぎることで生じる危険性（いい加減な態度、孤立感、退屈など）も読み取ることができるでしょう。

では、この章の冒頭で挙げた事例をここで振り返ってみましょう。

　私とそのスーパーバイジーはサポートコーナーから抜け出せなくなっていました。コーチである彼女は「順調だ」という保証を求めており、ひたすら私がその保証を与えるという罠にはまり込んでいたのです。彼女が成長するためのものではなく、保証することだけがスーパービジョンの目的になっていました。毎回セッションはサポートコーナーにとどまっていて、そこで彼女は快適さを感じるばかりで挑戦はありませんでした。そして、私自身はウンザリしていたのです。

実際のところ、彼女のコーチとしての能力を高め、クライアントに対してできることを増やすためのセッションをもっとするべきでした。そうすれば彼女はより適切にクライアントとの境界を定め、コントラクトをより明確にすることができたはずです（もちろん、これはスーパーバイザーにも当てはまります）。

　ここで、マネジメントコーナーの重要性を示す、もう1つの事例を見てみましょう。

　私は数年にわたって、あるコーチのスーパーバイザーを務めていました。彼は専門家として猛烈に働くだけでなく、2人の子どもとの生活をアクティブにこなし、趣味もたくさん持っていました。そのうち、私は彼のあるパターンに気づきました。彼はいつも夏休み前に完全に燃え尽き、そして、休みの間に回復するということを繰り返していたのです。

　ところが、今年は違いました。夏休みまであと1カ月以上あるにもかかわらず、すでに彼は燃え尽きていたのです。スーパービジョンに現れ

た彼はひどい状態で、彼が行った特定のクライアントとのワークをはっきり思い出すことすら難しくなっていました。そして彼は、クライアントとのワークを楽しめなかったこと、そのクライアントが抱えている全ての問題にうんざりしていること、このままワークを続けられるとは思えないことなどを語り始めました。

　こんなことは、まったく彼らしくありませんでした。普段は共感とサポートに満ちた態度でクライアントと前向きに関わり、常にベストを尽くしていたのです。彼は続けてこう言いました。「たしかに自分は疲れきっていた。でも、クライアントの前ではいつも通りにふるまった」と。

もしもあなたがスーパーバイザーだったとしたら、彼に何と言うでしょうか？考えてみてください。

Tomoko's Voice

自分自身、もしくはグループで、スーパービジョン・トライアングルを意識し検討してみましょう。

　３つの機能のバランスと関係を適切に保つこと。私たちはそれが、スーパービジョンの核であり本質だと信じています。

私たちのニーズとは

　ではなぜ、このトライアングルが有効だと言えるのでしょうか。その理由のひとつに、トライアングルの３つの機能（①マネジメント、②サポート、③デベロップメント）が人間のパーソナリティーの３つの特性（①他の人々と自分自身に対する社会的責任の感覚、②他の人とふれあい、１人の人間として認められたい

という欲求、③新たな状況に適応するため、自ら成長し変化する能力）と密接に関連していることが挙げられます。

　この３つの特性は、私たちが自らの体験を無意識的に記憶・分類する部分と言われ、トランザクショナル・アナリシス（TA）の理論では①ペアレント（P）、②チャイルド（C）、③アダルト（A）と呼ばれています（詳しくは４章で取り上げます）。

　また、もうひとつの理由として、このトライアングルが人間の根本的欲求（①構造の欲求、②承認の欲求、③刺激の欲求）に配慮している点も挙げられるでしょう。これらの欲求はエリック・バーンが開発したストローク、やりとり、ゲーム、人生脚本といった理論の基盤となっています。根本的欲求は私たちの存在の一部であり、この世界における私たちの行動に対して目には見えない影響を及ぼしています。その行動（戦略）の内容や有効性がいかなるものであったとしてもです。生活するうえでの安定と安心、誰かに認められること、そして適度な刺激……これらは私たち全てが必要としているものです。こういった根本的欲求が人間にとって欠かせないものであるなら、スーパービジョンにおいても当然それらを考慮すべきでしょう。

　カデューシンはスーパービジョンのトライアングル（３つの機能）を提唱するうえで根本的欲求（ニーズ／飢餓）を考慮していたため（プロクター、ホーキンス、ニュートンも同様）、図1.2はそのまま、次ページの図1.4のように対応させることができます。

人間の 根本的欲求 （ニーズ／飢餓）	KADUSHIN カデゥーシン (1976)	PROCTOR プロクター (2000)	HAWKINS ホーキンス (2006)	NEWTON ニュートン (2007)
STRUCTURE 構造	Managerial 管理	Normative 規範	Qualitative 質的保障	Accounting 説明責任
RECOGNITION 承認	Supportive 支援	Restorative 回復	Resourcing 情報提供	Nurturative 養育
STIMULUS 刺激	Educative 教育	Formative 発達形成	Developmental 発展	Transformative 転換

図 1.4　　　　※参考資料は 55 ページ参照。著者名下段の（）内は文献発表年。

「有意義で満足できる人間関係のなかで他の人々とふれあうこと」を誰もが欲し、追い求めます。そしてそこから、以下の 3 つを満たすのです。

1）構造を通じた組織化・体系化によって、自らの体験に意味を持たせること。

2）承認によって、自分自身や他の人々へのビリーフを強化すること。

3）刺激というフィードバックによって、精神的・身体的に成長すること。

そして、この 3 つのいずれかが満たされなくなったとき、それを補うために私たちは他の要素を過度に強調するかもしれません。例えば、承認が足りないと感じていたとしたら、それを埋め合わせるため過度の構造化に走ることもあるでしょう。

スーパービジョン・トライアングルを発展させる

機能を組み合わせてみよう

　図1.5のように3つの機能を組み合わせて考えることで、さらに良質のスーパービジョンができるようになります。

　以下は、それぞれ2つの機能を組み合わせてスーパーバイザーがセッションを行うことで、効果のある代表的な一例を挙げています。

マネジメントとサポート

　例えば、スーパーバイジーが安全で倫理的なワークを提供できるようになります。一定の基準とルールを遵守（コンプライアンス）しつつ、クライアントに良いサービスを提供することを保障します。

デベロップメントとマネジメント

　例えば、スーパーバイジーが担当している組織内のシステムや文化、学習環境を改善できるようになります。

サポートとデベロップメント

　スーパーバイザーとスーパーバイジーの関係性、および互いの学びに焦点を合わせます。例えば、パラレル・プロセスに気づいたときには、それを相互作用のチャンスとして活かすことができます。

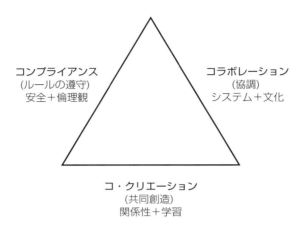

図1.5 機能の組み合わせ

これらの組み合わせの例：
○ **コンプライアンス**：コーチの能力の段階を見ながら、要求事項を確実に遵守し、コーチの活動をサポートします。

○ **コラボレーション**：フィードバックを元に、現場をさらに発展させることができます。その現場が必要とすることや求められることは経験に応じてどう変化するでしょうか？

○ **コ・クリエーション**：スーパービジョンの経過（プロセス）のなかで、互いの学びと変化が明らかになります。

私たちは誰でも「ある１つのコーナー」を重視する傾向があり、それは１人

ひとりの個性と関連しています。

　あなたは他の人を助け、サポートすることを望んでいるでしょうか？

　倫理的であり、説明責任を果たすことを重視するでしょうか？

　目新しいことや成長することにワクワクするでしょうか？

　好みの違いはあっても、この3つはすべてが重要なものです。そして、自分の好みを知ることは、私たちが「お気に入り」のコーナーに集中しすぎて、他の2つを無視するという潜在的なリスクに気づく助けとなります。スーパーバイザーとしてスーパービジョンをどのように進めるか。あるいは、スーパーバイジーがスーパーバイザーをどのように選択するか。それさえもが、こうした好みに左右されるかもしれません。そして、スーパービジョンに対する見方やどんなセッションを好むかについても、この「お気に入り」が反映されます。

　図1.6に、それぞれのコーナーでよく用いられるスーパービジョンのモデルを挙げています。あなたが使いやすいと感じるモデルがあるでしょうか？

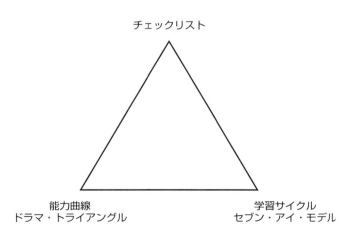

図1.6 よく使うスーパービジョンのモデル

あるスーパーバイザーのグループ（主にコーチへのスーパービジョンを行っているグループ）が、トライアングルの各コーナーにコーチの特性を追加してくれました。それが図 1.7 です。

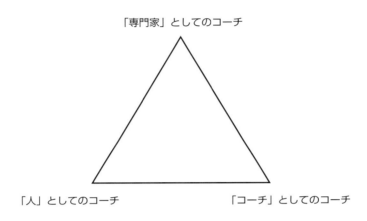

図1.7 コーチの特性

統合版トライアングル

これまでに紹介してきた図をまとめたものが、図 1.8 の統合版トライアングルです。お気づきでしょうか？　トライアングルの各コーナーに P,A,C の文字が追加されています。この P（親 =Parent）は、スーパービジョンにおいて社会的責任を重視します。また、C（子ども =Child）は個人的承認を必要としており、その必要は養育・サポートコーナーで満たされます。そして、A（成人 =Adult）は成長につながる学習にチャレンジすることで、自分自身を拡大します。

図 1.8 の各コーナーには、関連する学習哲学も追加しています。マネジメントコーナーは成果を追求する「テクノロジカル」、サポートコーナーは人間中心の

「ヒューマニスティック」、そして、デベロップメントコーナーは変化を重視する「ラディカル」です。

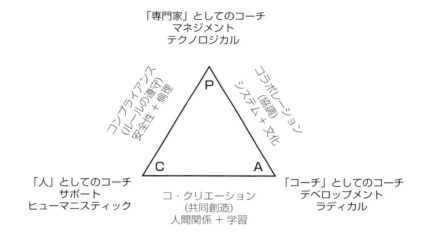

図1.8 統合版トライアングル

　スーパービジョンをするうえで中核に位置するのが、このトライアングルです。スーパービジョンの中心的モデル、および標準的フレームワークというだけでなく、本書での議論のベースにもなっています。すべてがこのトライアングルと関連していますし、3つのコーナーそれぞれについてよく知ることが、とても大切です。

　スーパービジョンにおいて、私たちは何をするのでしょう？　スーパービジョンには様々な側面があるため、私たちは何をどこまでやるのかを見失いがちになります。図1.9はこの疑問を解き明かす助けになるはずです。

　おそらくあなたも、スーパービジョンでのお気に入りの手法やモデルを持っていることと思います。図1.9の内容は、あなたのセッションの有効性や妥当性、価値などを検討するものさしとなりますが、あなたの手法を図1.9に置き換える

ことを推奨するものではありませんので注意してください。

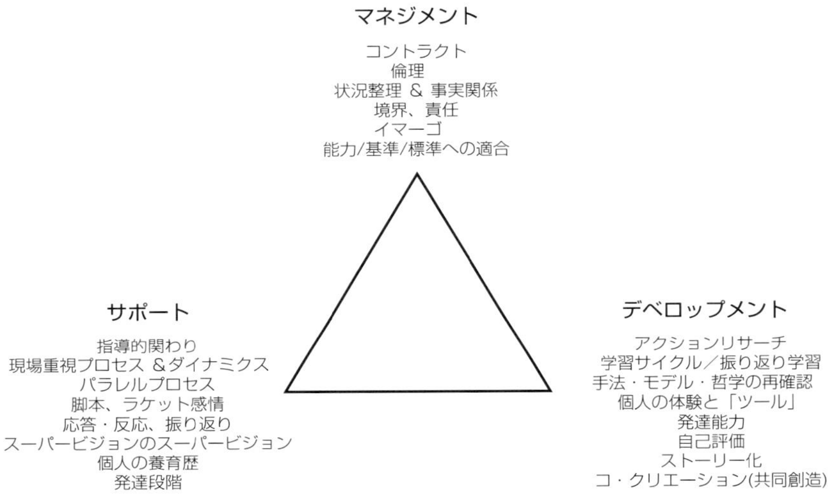

マネジメント

コントラクト
倫理
状況整理 & 事実関係
境界、責任
イマーゴ
能力/基準/標準への適合

サポート

指導的関わり
現場重視プロセス ＆ダイナミクス
パラレルプロセス
脚本、ラケット感情
応答・反応、振り返り
スーパービジョンのスーパービジョン
個人の養育歴
発達段階

デベロップメント

アクションリサーチ
学習サイクル／振り返り学習
手法・モデル・哲学の再確認
個人の体験と「ツール」
発達能力
自己評価
ストーリー化
コ・クリエーション(共同創造)

図1.9 スーパービジョンのさまざまな側面

ひとことメモ

　本書ではこのあとも様々なトライアングルが登場します。例えば、2章では「スリーコーナード・コントラクト」がバリエーションも含めて登場しますし、4章では「ドラマ・トライアングル」や、コンバージェント（収束）・プロセスモデルに関連したトライアングルもご紹介しています。

　おそらく、これらのトライアングルは議論の内容に応じてまったく異なるものとして扱うべきでしょう。ただし、「3」という数字がこれだけ頻繁に登場する背景には、おそらく何らかの理由があるのではないかと思います。

1章　スーパービジョン・トライアングル〜統合モデル

Notes and Resources

◆ スーパービジョンを「3つの機能」という観点から捉える考え方が、しだいに広がりつつあります。1976年にカデューシンから始まったこのアイデアは様々な著者に取り上げられ、今ではいくつものバリエーションが存在しています（39ページ図1.2参照）。ソーシャルワークの領域で活動していたカデューシンは、現場スタッフに向けた管理面でのスーパービジョン、ニーズ面でのサポート、学習機会の提供が重要であることに気づきました（Kadushin&Harknes 2002）

この3つの機能について掘り下げるため、これまでどのような言葉で表現されてきたのか見てみましょう。カデューシンは「3つの機能」というアイデアを発表したあとで、ハークネスと共に新人スタッフへの指導および、監督機関が要求する水準への適合を重視した結果、「administration」：組織管理、「support」：支援、「education」：教育の3つに用語を定めました。

彼らは「発生する問題と、結果として生じるゴール」をそれぞれ分けて考えました。「組織管理」は、組織の規則・手続きを遂行するうえで、やり方を修正するものです。「支援」は、モラルと仕事の満足感の向上につながります。そして、問題について「教育」することは、スタッフの無知と無理解を解消するというゴールをもたらします。

こうしたカデューシンらの見解はいくぶん堅苦しいものでしたが、ブリジッド・プロクターが2000年に新たな用語を発表したことで異なった視点がもたらされました。彼女は「Normative」：規範（標準と倫理への適合）、「Restorative」：回復（活力回復）、「Formative」：発達形成（学習促進）という3つのタスクによるフレームワークを軸に、共同責任およびアライアンス（協力関係）というモデルを提唱しました。そして、彼女はグループ・スーパービジョンを論じるにあたり、すべてのタスクについて話し合い理解を深めること。それによって、スーパーバイザーだけでなく参加者全員が責任を分かち合うことを重視しました。

ホーキンス ＆ スミスは、 コーチングの領域にマッチした一連の用語を提案しました（2006 年）。 彼らは 3 つの機能を「Qualitative（質的保障）」、「Resourcing（情報提供）」、「Developmental（発展）」 と定義しました。

◆ エリック・バーンは、 トランザクショナル・アナリシス（TA）に関する最初の著作である "Transactional Analysis in Psychotherapy" の中で、 人間の誰もが体験する欲求（ニーズ／飢餓）について明らかにしました（1961 年）。 私たちが本質的に持っている「刺激の欲求」、 そして「承認の欲求」、「構造の欲求」に基づいて、バーンは「ストローク、やりとり、ゲーム、脚本」という一連の理論を展開しました。これらの欲求を満たすため、 私たちは身の回りの人々と関わろうとします。 最初は家族と、 そして、 さらに多くの人々と。 私たちはサポートと安全を得られるようなやり方で人々と関わろうとします。 そうしたやり方（戦略）には効果的なものと、 そうでないものがあるでしょう。 とはいえ、 それらの行動はいつしか私たちのお気に入りのパターンになるかもしれません。 そして、 自分自身のあり方や人間関係を新たにするには、それなりの勇気とサポートが必要になります。それが得られないかぎり、私たちはこれまでのお気に入りのやり方にしがみつくかもしれません。

◆ 現在の形のスーパービジョン・トライアングルは、以下の記事で最初に紹介されました 。Transactional Analysis Journal (TAJ), issue 37:2, as a model of the necessary balance of the three functions and a caution of the risk of over-emphasising one at the expense of the others (Newton & Napper 2007).

References

Berne, E. 1961, Transactional Analysis in Psychotherapy. New York: Grove Press

Hawkins, P. and Smith, N. 2006, Coaching, Mentoring and Organisational Consultancy: Supervision and Development. Maidenhead: Open University Press

Kadushin, A. & Harkness, D. 2002, Supervision in Social Work, 4th edition. New York: Columbia University Press (original work published 1976)

Newton, T. and Napper, R. 2007, The Bigger Picture: Supervision as an Educational Framework for all fields. The Transactional Analysis Journal 37:2

Proctor, B. 2000, Group Supervision: A Guide to Creative Practice. London: Sage

2章

CONTRACTS

コントラクト（契約）

スーパービジョンにおけるコントラクト

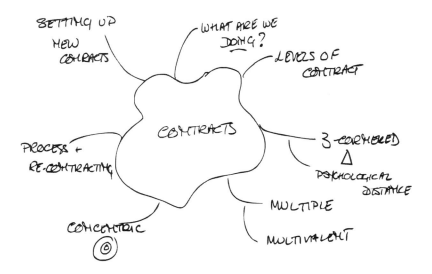

アマンダは、コーチとして組織などに派遣される仕事をしています。彼女は所属している派遣会社を気に入っていましたし、会社側もアマンダにたくさんの仕事を依頼していて、これからも依頼し続けるつもりでした。

　派遣会社のオーナーはある組織の取締役のコーチをしていて、その取締役の部下の１人にコーチをしてほしいとアマンダに依頼しました。アマンダは取締役・取締役の部下（今回のクライアント）・コーチの３つの立場について簡単な説明を受けました。

　コーチングの課題は明確で、クライアントの女性もそれに同意しているようでした。そして、最初の３回のワークが終わった後、クライアントは「自分の行動は望む方向に変化していて、全体として上手く進んでいるように思う」と言ってくれました。

　しかし、派遣会社のオーナーからアマンダは電話で次のように言われました。「取締役は、部下であるクライアントの変化に満足していません。むしろ、クライアントにますますイライラするようになったとのことでした。もし良い方向に変化できないのであれば、クライアントは近いうちにクビになるかもしれません。ご本人はどう感じているのでしょう……順調だと思っているのでしょうか？　とにかく、あなたがなんとかしてください」。

　アマンダはたずねました。「取締役は、クライアントにそのことをフィードバックとして話しているのでしょうか？」「いえいえ、それはあり得ません。そんなことに取締役が向き合うのは難しいのです。だから、あなたにクライアントの改善を頼んだのです」。

　アマンダは、これ以上コーチングを続ける前に自分のスーパーバイザーへ相談する必要があると感じました。

　もしも、あなたがアマンダのスーパーバイザーだったとしたら、どう考え、彼女に何をたずねるでしょうか？

私たちは何をしているのでしょうか？ そして、何のためにしているのでしょう？ スーパービジョンでスーパーバイザーがよくたずねる質問は、「コントラクトは何？」です。多くの場合、物事が良い方向に進んでいないときや、もっと上手く進める方法を考える際に使います。

　コントラクトを締結することは、私たちのアプローチの核心と言ってもいいでしょう。コーチは以下のようなことをしっかり意識していなくてはなりません。

1）コーチングを行う関係性のなかで、求められている複数のコントラクトに気づいていること。

2）コーチングを始める時点で、それらのコントラクトをできる限り明確にしておくこと。

3）何かおかしいと感じたときは、つねにコントラクトを確認すること。

　「適切なコントラクト」は、コーチングを成功させるだけでなく、スーパービジョンにおいても重要なポイントになります。熟練したスーパーバイザーは、スーパーバイジーのコーチングが「硬直状態」に陥っているときはまず、スーパーバイジー（コーチ）とクライアント間のコントラクトについて確認します。

　しかしそれは、スーパービジョンがすでに始まっていた場合です。本来はそれ以前に、スーパーバイザーとスーパーバイジーの双方（グループの場合は参加者全員）が、なぜ自分たちはここにいるのか、何をしようとしているのか、どのようにそれを行うのか、プロセスの目的とゴールは何かを理解し、より成果をあげることのできる関係に整えておく必要があります。

　コントラクトとは、再度話し合いが必要になった際に立ち戻るための「基準点」だと言えます。そしてしばしば、コントラクトを締結すること自体がひとつのワークにもなり得ます。

3 種類のコントラクト

まず最初の1歩として、「コントラクトとは何なのか」を明確にしましょう。コントラクトには3種類あります。

ソーシャル（社会的あるいは管理的）コントラクト

ソーシャルコントラクトは、スーパーバイザーとスーパーバイジーがセッションで何をどう行うのかという「構造（組み立て）」に関わるものです。例えば、顔を合わせて面談するのか、または電話でするのか？　誰がいくら支払うのか？セッションの回数は？　1回のセッション時間は？　などになります。これらを話し合うことは、どこからスーパービジョンを始めるかというフレームワークを構築するようなものです。

決定する事項

◇ 連絡し合う（会う）頻度

◇ セッション時間…1時間 or それ以上 or それ以下 or 時間を定めない、など

◇ セッションの費用…誰が支払うのか、支払い方法は

◇ セッション環境…直接顔を合わせる or 電話 or メール or Skype（スカイプ）など

◇ セッション以外でのコンタクト…話せるのはセッション時のみ or セッション以外も OK（セッション時以外も OK の場合は、連絡方法＆どんな状況であれば話せるか）

◇ 機密保持…セッションで起こったことを知っているのは誰か

◇ 記録…セッションを録音する or しない（録音する場合は、その方法＆記録は誰が保持するか）

◇ 評価と見直し…どのタイミングでどうやって行うか、どちらかがセッションを終了したい場合はどうするか

プロフェッショナル（専門的）コントラクト

　プロフェッショナルコントラクトは、スーパービジョンの「進め方（実践）」に同意するための取り決めだと言えます。例えば、スーパーバイザーが提供できる能力や経験はどのようなものか？　あなたはスーパーバイザーとしてどう関わるか？　スーパーバイザーとスーパーバイジーの2人（もしくはそれ以上の人々）が、どのように力を合わせるのか？　両者のパートナーシップは適切か、もしくは別のスーパーバイザーの方が合っているのか？　どのように信頼関係を確立し、目的を定めるか？　などがあります。こうした事柄を決めるために双方が時間を取らなかったら（同意がなかったとしたら）、スーパービジョンがまったく期待はずれなものになるかもしれません。

同意する事項

◇ 目的…スーパービジョンを行う主な理由は何か

◇ 目標…1回のセッション、もしくはセッション全体で目標となる明確なゴールは何か

◇ 方向性…セッションを通じて得たいと思っていることは何か。一般的には、何のためにスーパービジョンをするかについてお互いの考えを一致させること

◇ 手法…セッションをどのように進めるか＆どのスーパービジョン・モデルを使用するか

◇ スーパーバイザーの責任…例えば、準備をすること、時間を確保すること、スーパービジョンのプロセスを進めるよう努力すること、十分な訓練を受

けていること、など

◇ スーパーバイジーの責任…例えば、準備をすること、スーパービジョンの
プロセスにオープンであること、変化する必要性を認識しシェアすること、
など

◇ スーパービジョンのスタイル…例えば、公式 or 非公式、クライアントの
変化を詳細に分析する or 全体的な確認程度にとどめる、重視するのは
内容 or プロセス、など

◇ セッションの進行…スーパーバイザー主導 or スーパーバイジー主導 or
セッションごとに話し合う、など

サイコロジカル（心理的）コントラクト

　ソーシャルコントラクトやプロフェッショナルコントラクトの奥には、隠された
コントラクトが存在します。それらを私たちは「サイコロジカル・コントラクト」
と呼んでいます。そして、このコントラクトがスーパービジョンの結果を左右するの
です。

　サイコロジカル・コントラクトは私たちが心のなかに抱いている、または気づ
きの端に存在する「メッセージ」に関係していて、そのメッセージを自分たちの
ビリーフ（信念）といった形で、無意識に他の人々に送り出しています。スーパー
ビジョンのプロセスのなかで、それを実感したことはありませんか？

　例えば、スーパーバイジーは、スーパーバイザーを自分の味方につけようとす
るかもしれません。あるいは、「自分は決して変わらない」という無意識の信念
にしがみつき、「何をやっても無駄」だと証明しようとすることもあるでしょう。スー
パーバイザー、スーパーバイジー、あるいは外部の人々は、こうした信念に部
分的に、あるいは完全に気づいていないかもしれません（そして、「そんなつもり
はなかったのに」、「どうすればやり直せるだろう」とつぶやきます）。スーパービジョ

62　*2*章　コントラクト（契約）〜スーパービジョンにおけるコントラクト

ンを成功に導くには、これらの知られていない（もしくは隠された）心理的レベルを明らかにすることが必要です。そのために、次のような質問をしてみるのもいいでしょう。

「スーパービジョンについて、何か気になっていることはありますか」

「私はどうすれば、あなたにとってスーパービジョンがうまく進んでいないことに気づくのでしょうか」

「問題が起こったとき、私たちはどのようにしてそれに対処し、乗り切っていくことができるでしょうか」

「一緒にやっていくうえでダメージになりそうな、私の言葉や行動がありますか」

「あなたが自分で自分の成功を邪魔する原因があるとしたら、それはどのようなことですか」

これらの質問に答えてもらうことは、さまざまな潜在的問題を明らかにする助けとなります。言語化し、対話することが有効なのは、ソーシャルコントラクト、プロフェッショナルコントラクトにおいても同様です。

「適切なコントラクト」はスーパービジョンでの関係性をより強化していきます。

言語化する事項

◇ 気づき…どんな相互作用が生じていますか？ それらは明確でストレートなものですか、あるいは「隠された意図」（裏のメッセージ）があるでしょうか。

◇ オープンであること…セッションが上手く進んでいないときはどのように取り組み、お互いがどのように相手にそれを伝えるでしょうか。

◇ 自律性…スーパーバイザーとスーパーバイジーの双方が自分の責任を全うしていますか。2人の間でなれ合いや衝突が起こった場合はどう対処しますか。

◇ 柔軟性…スーパービジョンを活動的に進めていくために、どんな代替手

段（他のスキル）を持っていますか？

「適切なコントラクト」を締結するためには、かなりの時間が必要になるかもしれませんが、決して無駄にはなりません。いったん締結すれば、やるべきことは何か、お互いの行動を信頼するために何をするか、どうやって検証可能なゴールに向かって真剣に取り組むか、などが全てコントラクトに含まれているので、効果的なスーパービジョンを行う基盤となるでしょう。そしてサイコロジカル・コントラクトは「私たちは成功を目指す」というポジティブなものとして始まるでしょう。

初期の段階で順調に「適切なコントラクト」が締結できたとしても、サイコロジカル・コントラクトには常に注意を払い、セッションのなかで何度も確認する必要があります。

スタート時点のコントラクト

ソリューション・フォーカス・モデル（※ページ下部の Tomoko's Voice 参照）に基づいた以下の質問は、新しいスーパーバイジーとパートナーシップを結ぶ場合に、コントラクトを決める基盤となってくれます。まずは実際のスーパービジョンで使う前に、自分自身で答えたり、同僚に試したりしてみましょう。

Tomoko's Voice

ソリューション・フォーカス・モデルは、解決に焦点を絞る思考法およびコミュニケーション手法です。起こっている問題について深く分析する代わりに、「どうなりたいか」「何を手に入れたいか」という未来像を考え、目の前の具体的行動を変化させるように導く手法として使われます。

◇ あなたはどのように学びますか？　学習スタイルはどのようなものですか？　それを進めていくために、私に何ができますか？

◇ スーパービジョンで手に入れたいものが手に入っていることを、あなたは何をもって判断しますか？

◇ スーパービジョンがあなたの役に立っていることを、私はどのように判断できますか？

◇ 私の行動があなたの成長の妨げになるとしたら、それは何ですか？

◇ 何か私に別のことをしてほしいと思ったときに、あなたはどうやって私にそれを伝えますか？

◇ お互いの違う部分で、私たちの取り組みに大きく影響しそうなことは何でしょうか？

◇ あなたの仕事のやり方について、私が知っておくべきことは何でしょうか？

◇ どうやってあなたは、自分が前進しているとわかりますか？

◇ あなたがやりやすい状況はどのようなものですか？　苦手なシチュエーションはありますか？

◇ もし私がセッションのなかで、あなたの仕事に関して気がかりなことを感じたとしたら、どうしてほしいですか？

◇ 私たちは、どのようなスタイルで一緒に学び合えるでしょうか？

　これらの質問を新たなスーパーバイジーと検討することは、お互いを知る機会になりますし、一緒に何かに取り組んでいるという実感を得ることもできます。筆者は1回目のセッションでこれらの質問を活用しています。こういった質問に取り組むこと自体が、まさにスーパービジョンなのです。尺度を作り、良好なセッションのモデルを示し、スーパーバイジーのニーズと才能に注意を払うことができます。

スーパーバイザーとスーパーバイジーとのコントラクトの内容は、スーパーバイジーとクライアントの間にも成立しがち（パラレル・プロセス）なので、ソーシャルコントラクトの重要な部分や、プロフェッショナルコントラクトで求められる能力をはっきりさせることが大切です。

例えば、パラレル・プロセスやうまくいっていないシステムを見極めることで、スーパーバイジーとクライアント間のコントラクトの「あやふやさ」に目を向けることができます。また、スーパーバイジーとクライアント、クライアントとその同僚、もしくはクライアントとその上司の間で起こっているかもしれない「何か」に光を当てることができます。場合によっては、クライアントと属する組織の間に、何らかの不健康なコントラクトが浮かび上がるかもしれません。

コントラクトを結ぶこと（コントラクティング）は、スーパーバイジーがクライアントに行うワークの基盤としても、スーパーバイジーの専門性を高めるためにも重要な要素が含まれています。

もし、コントラクトがない状態で、スーパーバイジーが考えていることや求めていることをクライアントに直接伝えて思いどおりにしようとするなら、「スーパーバイザーやスーパーバイジーだけがこの魔法の杖を使うことができます。これがなければ、彼らはゴールを達成できません」と言っているのと同じです。それを実現しようとすれば、クライアントを受動的にさせてしまうでしょう。

コントラクトを吟味することに時間をかけたり、それを早い段階で実施したり、複数回実施することに対して気が進まないのは、ビリーフ（思い込み）が影響しているのかもしれません。ほとんどの場合、その奥にはクライアントを不快にさせたくないという思いが存在しています。これは、スーパーバイザーがスーパーバイジーを不快にさせたくないという場合も同様です。しかし、明確な構造を持ったコントラクトによって、良好な人間関係の基盤が作られるのです。その基盤があってこそ、私たちは自由なセッションやワークを行うことができます。

> **自分自身に聞いてみましょう**
>
> ◇ セッション中の実際の自分の行動について、私は心理的レベルでどう
>   思っているだろう?
>
> ◇ スーパーバイザーとして活動するときと、コーチとしてクライアントとワー
>   クを行うとき、コントラクトにどんなビリーフがあるだろう? 何らかの違
>   いや思いが浮かび上がるだろうか?

マルチ・パーティー・コントラクト(複数関係者間コントラクト)

　多くの場合、新たなコントラクトは1対1の関係(スーパーバイザーとスーパー
バイジー)の間で締結されますが、そこに他の人々が関係する場合は、コント
ラクトはさらに幅広いものになります。さまざまなレベルで、より多面的なコント
ラクトとなるでしょう。プラクティショナー(講師)、クライアント、組織の3者
間の「スリーコーナード・コントラクト」について、最初に取り上げたのはファニタ・
イングリッシュ(Fanita English)でした。彼女は、自分がトレーニングを行う
グループとのコントラクトを締結する際に、グループ外部からの目に見えない影
響力を感じていました。そのトレーニング自体を設定した「グレートパワー(大き
な力)」の存在を感じていたのです。その力の影響によってトレーナーの役割が
決定され、「グレートパワー」の強化につながる可能性があります。それを防ぐ
ためにも、最初に3者間でコントラクトを締結し、期待する結果を共有しておく
と、より健全で効果的なトレーニングになるはずです。

　図2.1にあるように、この考え方(スリーコーナード・コントラクト)をスーパー
バイザーとスーパーバイジー、スーパーバイジーの所属する組織や同僚、雇用
先などに適用することができます。

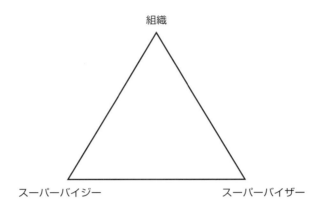

図2.1 スリーコーナード・コントラクト

　三角形の辺ごとにそれぞれソーシャルコントラクト、プロフェッショナルコントラクト、サイコロジカル・コントラクトが結ばれます。

　コントラクトに他者や副次的な要因が関係する場合もあります。図2.2に示すように、スーパーバイジーが自分の同僚や仕事上のパートナー、あるいは雇用先の組織と何らかのコントラクトを結んでいるかもしれません。そして、明瞭なコントラクトの締結のためには、クライアント、スーパーバイジー、スーパーバイザー、組織それぞれが平等でOK-OKな関係でないといけません。

　この三角形では、関係者同士の距離はすべて同じとみなされています。

- コントラクトと期待するものについて、すべての辺で明確
- すべての人の役割の定義が明確
- すべての関係者がオープンで、積極的に協力し、なんら隠された意図がない

　これらはほとんどの場合、関係者同士の準備と徹底的な話し合いの結果生まれるものです。早い段階からスーパーバイザーは関係者と適切に関わり、情

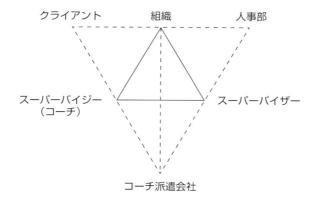

図2.2 マルチプル(多角的)コントラクト

報の共有と各コントラクトの明確な説明を行うことで、成果に向けた取り組みを効果的に進めることができます。

しかし、スーパーバイジーが行うワークのなかでは、しばしばクライアントの意図が優先され、雇い主や組織といった他の関係者の存在が置き去りになることがあります。

ある忘れられてしまった雇用主の例をお話ししましょう。1人のコーチとのスーパービジョンでの出来事です。彼はクライアントの才能と創造性について熱弁を振るっていたのですが、今後のプランは「クライアントが会社を去る」という内容でした。私はスーパーバイザーとして彼にたずねました。「いったい誰があなたに給料を支払っているの？」

この質問の答えを導き出すのに図 2.2 は役立ちます。

スーパーバイジー（コーチ）とクライアント間のコントラクトに影響を及ぼす他の関係性や潜在的な力が存在します。それらをはっきり描き出しておくと、スーパービジョンを始める際の重要なツールになります。

すべての辺の長さが等しい三角形（正三角形）で描かれた図 2.1 は、それぞれの期待と責任が明確であることを表します。もし、図 2.3 のように関係者の心理的距離が 2 者は近づいていて、もう 1 者との距離が離れているというふうに歪んでいるとしたら、スーパーバイザーはスーパーバイジーに「コントラクトを健全な状態に戻すため、あなたは何をしますか？」と質問するべきでしょう。

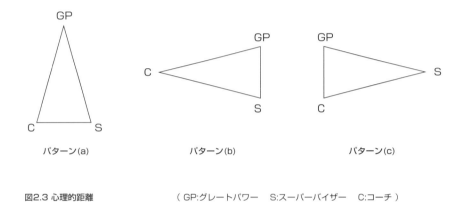

図2.3 心理的距離　　　　　　　　（ GP:グレートパワー　S:スーパーバイザー　C:コーチ ）

◇ パターン (a) は、スーパーバイザーとスーパーバイジー（コーチ）との波長は合っているものの、グレートパワーとは距離を感じており、グレートパワーの関わりが少ない状態です。これは、スーパーバイザーがスーパーバイジーを救おうとしているのかもしれませんし、スーパーバイザーとスーパーバイジーがグレートパワーに対する不信感というタッグを組んでいるのかもしれません。

◇ パターン (b) では、スーパーバイザーとグレートパワーは目指すゴールについて一致していますが、スーパーバイジー（コーチ）はそのゴールをまったく知ら

されていない状態です。もしかするとグレートパワーはスーパーバイジーを変わり者・頑固者とみなしているかもしれません。スーパーバイザーは自分をグレートパワーの側だと認識しており、スーパーバイジーにとってはスーパーバイザーが「迫害者」と映るかもしれません。この場合、コーチは消極的で受け身になるでしょう。

◇ パターン (c) では、スーパーバイジー（コーチ）とグレートパワーの双方から、スーパーバイザーが部外者とみなされています。その結果、スーパーバイザーは孤立感や犠牲者的な感じを体験するでしょう。これは、組織内の規定でスーパービジョンが必須となっている場合や、組織の体裁のためにスーパーバイザーが担ぎ出された場合などに起こりやすく、真の同意やサポート感覚は存在しません。もしくは、グレートパワーとスーパーバイジーの双方が「私たちには誰の助けも必要ない」という強固な企業文化（組織文化）を持っている場合も考えられます。

このような歪んだ三角形になるのを防ぎ、平等なコントラクトを維持するには、見通しの良いプロセスを作ることです。そのためには、以下の 4 点が重要になるでしょう。

　　◇ スリーコーナード・コントラクトについて理解すること
　　◇ 関係者の役割、期待、求めているもの、価値観を明確にすること
　　◇ 権力構図を認識すること
　　◇ 変化のためのオプション（代替手段）を見極めること

マルチバラント・コントラクト（複数の力関係コントラクト）

外部のスーパーバイザーとして組織内のコーチにスーパービジョンをする場合、もしかすると次のような暗黙的階層があるかもしれません。

```
┌──────────┐   ┌──────────┐   ┌──────┐   ┌──────────┐
│ 外部の    │ ≧ │ コーチングの │ ≧ │ コーチ │ ≧ │ クライアント │
│ スーパーバイザー │   │ チームリーダー │   │      │   │          │
└──────────┘   └──────────┘   └──────┘   └──────────┘
```

実際の人間関係や、それぞれの変化・変動があるなかで、こうした階層は現実に即しているとは言えません。スーパーバイザーがリーダーと同じようにコーチたちと一緒に働くこともありますし、人事部門や管理部門がコントラクトに影響を及ぼすこともあります。スーパーバイザーがとても重要な役割をしていながら、クライアントやコーチたちに会ったことがないということもあります。

そこで、考慮すべきカギとなる2つの要素があります。

◇ 多角的な関係性

◇ 中心にある人物、つまりクライアントが、周囲から最も影響を受けやすい

関係者すべてが望み通りの結果を得るために、コントラクトがカギとなるのは言うまでもありません。組織の中で仕事を行う場合、コントラクトには常に複数の人間が関わっています。この事実が私たちをマルチバラント（複数の力関係／78ページ参照）という考えに導きました。

図 2.4 は代表的なマルチバラント・コントラクトを描いたものです。中心となるクライアントの周りに、互いにつながりのある専門家のネットワークが配置されていますが、分子構造図と似ていることにお気づきでしょうか。もしもコントラク

トが明確になっていない関係者がいると、分子と同様、その構造自体が不安定なものとなるのです。

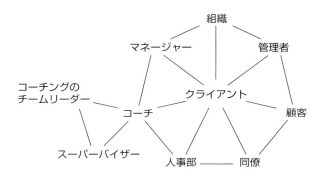

図 2.4 マルチバラント・コントラクト（ⅰ）

　図 2.5 はコントラクト・ネットワークのもうひとつの例です。この図にはコーチとスーパーバイザーが何度か現れ、それぞれのパーツをしっかりとつなぎ止める役割を担っています。これは複雑な分子構造を崩さないため、炭素原子がそれぞれの分子をしっかりとつないでいるようなものです。

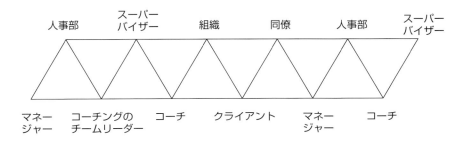

図 2.5 マルチバラント・コントラクト（ⅱ）

この図は重くて強固な建造物を支える橋梁に似ています。これは関係者全員のプロセスを表していますが、構造全体の強度は、それぞれが明確でOK-OKなコントラクトから成り立つ正三角形でできているかどうかにかかっています。

　コントラクトのどこかが歪むと「梁」が崩れ落ちます。コントラクトを締結する際は、各人が持つ倫理観と仕事のやり方、そして、潜在的役割の混乱に気をつける必要があります。

　それぞれのコントラクトをしっかりと設定することは、スーパーバイジーとクライアント、また、スーパーバイザーとスーパーバイジーの関係の基盤となり、関係者全員の健全な発達とクライアントの成長をサポートすることができます。

　コーチとのコントラクトと同じく、組織とのコントラクトもひじょうに重要なものです。第3章では、倫理と境界について取り上げ、それらが組織の透明性や関係性、組織文化にどのような影響を及ぼすのか、どう影響されるのかを見ていきます。

コンセントリック・コントラクト（同心円コントラクト）

　経験の浅いスーパーバイザーは、コントラクトを完璧に結んでからでないとスーパービジョンを始められないと思って、コントラクトを締結するプロセスを窮屈なものに感じがちです。しかし実際には、コントラクトはセッションと並行して進めるプロセスでもあり、途中で発生した問題や明らかになった障害に合わせて調整され、変化したり、締結し直したりするものです。この「行きつ戻りつ」する感覚は、心理的レベルで何かが明らかになり、行動に変化が生じたときにもたらされるので、セッション以外の場面でも起こり得ます。その全体像は図 2.6 の3つの同心円として表すことができます。

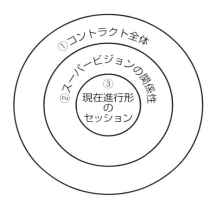

図 2.6 コンセントリック・コントラクト

◇ ①の円はコントラクト全体の「器」を意味します：いわば、コントラクトそのものです。
◇ ②の円は関係性のコントラクトです：スーパービジョンの質、フォーカスポイントや、成果はここで決定されます。この部分はサイコロジカル・コントラクトとも言えます。
◇ ③の円はセッションの中身です：直面するニーズとそれに応じた実際の取り組みを表します。

　外側の円は十分な安全性を保ち、セッションにおける境界を設定します。内側の円は目的を明確にすることで、ゴールの達成や変化への「追い風」を与えてくれます。そして、真ん中の円では実際の共同創造や交流が起こります。これはしばしば、遊び感覚の楽しさや発見を通じてもたらされます。
　よく考えられたコントラクトは次のような成果をもたらします。

◇ 満足度の高い体験

◇ （過度に厳しすぎない）基準の遵守と共感

◇ 潜在的なリスクがある探求へのサポートとそのための安全性

ここで伝えたかったこと

スーパーバイザーは次のチェックリストを覚えておくとよいでしょう。

◇ コントラクトは明確であったか

◇ スーパーバイザーとスーパーバイジーの関係が OK-OK であるか

◇ スーパーバイジーの発達（成長）につながるセッションを行っているか

◇ 適切な保護を提供しているか

◇ 根底にある課題（Key Issue ／キー・イシュー）は明確になったか

◇ ポジティブな結果を目指しているか、潜在的なパラレル・プロセスを見落としていないか

何よりも重要なことは、スーパーバイザーがスーパービジョンの 3 つの機能（マネジメント、サポート、デベロップメント）を念頭に置きながらも、サイコロジカル・コントラクトに細心の注意を払うことです。

◇ 今ここで、実際に起こっていることは何か？

◇ 関係者すべてがコントラクトに責任を負っているか？

◇ あらゆる側面でコントラクトが明確になっているか？

スーパービジョンのコントラクトを締結するプロセスで、何らかの問題や明確さの欠如が明らかになったとしたら、おそらくそれは、スーパーバイジーとクライアント間のコントラクトか、もしくはスーパーバイジーの雇用契約上のコントラク

ト、あるいは、その両方に問題があるというサインです。

自分自身とのコントラクト

　コントラクトとは変化する、もしくは新しい何かを行うことへのコミットメントです。ですからもちろん、私たちも必要に応じて、自分自身とコントラクトを交わすことができます。他者とのコントラクトがそうであるように、自分自身とのコントラクトも現実的かつポジティブに表現するとうまくいくでしょう。

　この本を読み、活用することで、あなたはどのような変化、もしくはゴールを成し遂げたいのでしょうか？　そのために何をするでしょうか？　そのゴールを成し遂げたことをどのように判断できるでしょうか？　そして、それをどのように祝福するでしょうか？

Notes and Resources

◆ マルチバラント（複数の力関係）…「バランシー（原子価）」という単語は、科学から生まれた言葉です。ある分子構造にどの程度の原子群が結合しうるかを表す用語です。例えば、炭素原子のバランシー（原子価）は4であり、他の4つの原子と結合することができます。ここで炭素原子同士が結合した場合は、石炭やダイヤモンドが形作られます。そして、酸素と結合すると二酸化炭素となり、酸素と水素の2種類と結びつくことで炭水化物となります。私たちはこうした性質を、共に活動する同僚やチームにおける複雑さを表現するたとえ（メタファー）として用いています。

◆ 76ページでご紹介したチェックリストは、ペトリューシカ・クラークソンが提唱したものです。これらについては、第5章でより深く検討します。

◆ 1975年、ファニタ・イングリッシュは短いながらも非常に重要な論文を発表しました。この論文は、いまでもトランザクショナル・アナリシス（TA）において高い価値を認められています。また、コントラクトの歪みを二等辺三角形として表現する手法は、ネリー・ミショルト（Nelly Micholt）によって1992年に提案されました。

◆ エリック・バーンは、病院などの組織で働くセラピストに求められる多面的な責任について記しており、その文章のなかでコントラクトの3つのレベルを理解することの重要性を明らかにしています。彼はその3つのレベルを「管理的」、「専門的」、「心理的」レベルと名づけており、コントラクトが機能するかどうかは常に心理的レベルで決まるだろうと述べています。

◆ エリック・バーンはコントラクトを「明確な結果を見据えた相互の合意」であると定義しました。また、ミュリエル・ジェームス（Muriel James）は「変化を生みだすための、自分自身、もしくは他の誰かとの間で交わされるアダルト（A）からのコミットメント」であると述べています。

References

Berne, E. 1966, Principles of Group Treatment New York: Grove Press

Clarkson, P. 1992, Transactional Analysis Psychotherapy: An Integrated Approach. London: Routledge

English, F. 1975, The Three-cornered Contract. TAJ 5

James, M. & Jongeward, D. 1971, Born to Win: transactional analysis with gestalt experiments. Reading: Addison-Wesley

Micholt, N. 1992, Psychological Distance and Group Interventions. TAJ 22:4

3章

ETHICS

倫理　～バウンダリー（境界）と責任

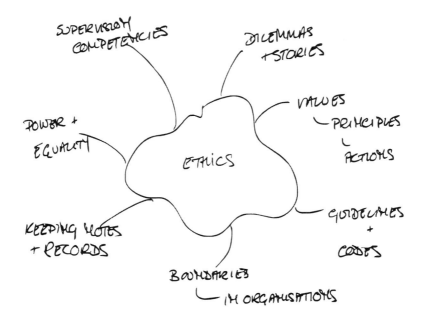

数名のコーチが、ある組織のマネージャーたちへのコーチングを依頼されました。対象となるマネージャーたちは管理者という立場でありながら、組織が事前に求めていたリーダーシップに見合う行動ができていなかったのです。

　コーチングは、クライアントたちを小さなグループに振り分けて1対1で行いました。組織側はコーチにクライアントとのワークを全て記録するよう求め、そして最後には、さらに別の報告を求めました。それは、組織から求められている行動を今後どの程度自主的に実行できるか、クライアント1人ひとりについてコーチの目線で評価するというものでした。

あなたの倫理観は？

　スーパービジョンでよく求められる仕事のひとつに、スーパーバイジーが自分自身の行っているワークや出来事、クライアントとの関係性について、特定の側面から「意味づけし直す」ための手助けがあります。プロセスを振り返ったときに、スーパーバイジーが以前とは異なる見方に気づくこともあります。もしかすると、ひどいワークをしてしまったと感じるかもしれませんし、自らのふるまいや考え方について後ろめたさや恥ずかしさを感じるかもしれません。

　こういった感覚の根底には、「自分は倫理的でなかったかもしれない」という思いがあるようです。

　スーパーバイザーの仕事は、スーパーバイジーが状況をはっきりと把握し、自ら進んで学び、「状況を改善するためにはあらゆる手を打つ」と約束できるようにサポートすることです。スーパーバイザーがスーパーバイジーと馴れ合いになったり、「救助者」になってしまったりする原因のひとつに倫理が関わっているという視点を持って見てみましょう。

私たちはこの章で、次の事柄を読者であるスーパーバイザーの皆さんに強く
お願いしたいと思っています。

　　1）私たちと共に、倫理について考え始めること

　　2）日々あらゆる観点から、倫理について考え続けること

　倫理にまつわる問題はスーパーバイジーだけでなく、スーパーバイザーの活動
にも知らぬ間に忍び込み、ある日突然、いくつもの厄介な問題を生じさせます。
コントラクトが重要であるのと同じく、お互いの倫理について話し合うこともスー
パービジョンの核心となります。このプロセスは、私たちにとって極めてチャレン
ジングで、中身のあるディスカッションとなり、同時にスーパービジョンの醍醐味
となるのです！

倫理とは何か

　基本的には倫理とは、意図や行動のあらゆるレベルにおいて何が正しく、何
がそうでないのかを決定する、私たち自身の枠組みのようなものです。

　1人ひとりが持っている倫理は信仰や文化的背景からも影響を受けるため、
自分自身にとってはあまりにも当たり前すぎて、何かによって脅かされたり、侵害
されたり、揺さぶられたりしない限り、その存在を意識することはないかもしれ
ません。

　また、スーパービジョンやコーチングのなかで現れる倫理的信念は、その人
がこれまでに受けてきたトレーニングの内容はもちろん、活動してきた世界や地
域の在り方から大きな影響を受けているでしょう。スーパーバイジーが何らかの
団体に所属している場合は、その団体ごとの行動規範や倫理が定められている
はずです。自分の感覚だけに頼らず、遵守すべき何かを持つことはプロフェッショ
ナルとして欠かせません。

　ですから、セッションを始める時点で、スーパーバイザーとスーパーバイジー

は互いの倫理的信念やガイドラインを共有し、スーパーバイザーはスーパーバイジーが遵守すべき倫理規定の範囲内でサポートすべきです。そしてセッションが進むにつれて、さらなる探求と検証を繰り返していきます。

　この章の終わり（111ページ）に、あなたのスーパーバイジーが所属しているかもしれない、いくつかの著名な団体が掲げている倫理規定へのリンクを掲載しています（BACP ／英国カウンセリング・サイコセラピー協会、EMCC ／ヨーロッパ・メンタリング・コーチング評議会、ICF ／国際コーチング連盟など）。

　ときには、専門家としての倫理的信念から影響を受けて、その人自身の私生活における倫理観まで変化が起こることもあります。倫理観は環境によって変化するものなのです。私たちがスーパーバイザー、あるいはスーパーバイジーのいずれの立場であったとしても、相手との人間関係を築くうえで、その違いが潜在的な問題の原因となるかもしれません。

　スーパーバイジーであるコーチから、この章の冒頭に掲げた事例を相談されたとしたら、あなたはどう反応するでしょうか？　その答えの中身は、コーチングに対するあなた自身の信念や組織内での役割、そして、あなた自身が重要だと信じている事柄を反映したものになるでしょう。

　この事例では、何人かのコーチは報告書の提出を断ったそうです。引き受けた1人のコーチは、ワークの終盤になって自分に何を求められていたのかについてやっと理解しました。それに気づいてからは、クライアントの同意を得て、クライアントと一緒に報告書を書き上げることにしました。それを組織がどう受け取っているかはわかりませんでしたが。

　この事例はあなたにいくつかの疑問を生じさせるかもしれません。さらに検討を進めていきましょう。

個人の価値観について

　ここでご紹介するエクササイズは、あなたが大切にしている価値観や信念を発見する助けになるでしょう。ぜひ、スーパービジョンにおけるあなた自身の倫理的ガイドラインに、ここで発見した事柄を組み込んでみてください。

レパートリー・グリッド

　レパートリー・グリッド、およびラダーリングは、ケリー（Kelly）による個人的構成概念理論（Personal Construct Theory）に基づいて、個人の価値観や信念を明らかにする手法です。実践方法にはさまざまなバリエーションがあるのですが、ここでは筆者がいくつものグループで実践し、効果的だったものをご紹介します。
　私たちは幼少期の体験を基に、自分なりの現実把握や意味づけのパターンを構築します。そして、目新しい状況に直面すると、無意識のうちに自分が「構築したもの」をその状況に当てはめようとします。

　私たちが「構築したもの」を調べるために、これからグリッド（格子）を作ります。まずは、その「要素」を選びましょう。写真でも、車種でも、有名人でも、何でも OK です。
　筆者は付録の写真（本書巻末）を使うことをお勧めしますが、ご自分で用意した写真や絵葉書を使ったり、雑誌の人物を切り抜いたりしても構いません。いずれの場合でも、7 枚以上の写真（もしくは要素）を用意してください。そして、それぞれの要素に 1、2、3……と番号を振っておきます。
　次に、1 から 3 の 3 枚を取り出し、そのうちの 2 枚に共通することは何か、残りの 1 枚は何が違うのか、自分に問いかけてください。例えば、2 枚はあなたに安らぎを感じさせ、残りの 1 枚はあなたにわずらわしさを感じさせるかもし

れません。その思い浮かんだことをメモしておきましょう：

　　　　1 & 3　安らぎ　　　　　　2　不安

　同じことを4から6の3枚でもやってみましょう。終わったら、組み合わせを
変えながら同じことを何度か繰り返してください。例えばこんな結果が得られる
かもしれません：

　　　安らぎ　　　　　　　　　不安
　　　刺激的　　　　　　　　　退屈
　　　カラフル　　　　　　　　暗い感じ
　　　情熱的　　　　　　　　　消極的
　　　にぎやか　　　　　　　　静けさ

　得られる結果に変化がなくなるまで、この手順を続けてください。要素として
写真ではなく特定の人々や物を選んだとしても、同じような結果が得られるはず
です！

　これはひとつの例で、人によって答えは違ったものになります。あなたが書き
だしたものはあなた自身であり、あなたの感覚の一部なのです。

　次は、それぞれの結果を「評価」します。安らぎと不安を比べた場合、どち
らがより良い（もしくは、より好ましい）でしょうか？

　このエクササイズを友人や同僚と一緒に行ったら、あなたは彼らの評価に驚
くかもしれません。人の好みには、それだけの違いがあるのです！

　評価を進めていくうちに、共通するテーマが浮かび上がってくるかもしれませ
ん。あるいは、あなたが大切にしている事柄が1つ、2つ見えてくることもあるでしょう。

　それが見えてきたら、ハシゴを登り始めましょう（ラダーリング）。さきほどの
例を使うと、「不安」ということについてこのように質問します。

　「不安に思うことで、重要なことはなんだろう？」

答えはこんな感じでしょうか。

「何かで不安に感じたときは、私は不安を解消しようと現実に集中します」

では、その感覚はあなたにとって何か意味がありますか？

「1歩を踏み出して、変化を起こすチャンスになる」

あなたにとって一歩を踏み出すことは重要ですか？

「はい、なぜならば違いを作り出したいから」

なぜ違いを作り出したいの？

「成長と変化。それこそが私自身だから」

ここがハシゴの1番上かもしれません。ケリーはこれを「上位概念」と名づけました。

ラダーリングはその人が何を最も重視しているか、それぞれの上位概念を見つけ出す手法です。これらの上位概念が私たち個人の倫理観のベースとなり、組織における倫理観や行動のあり方にも関連しています。

私たちが他の人々と関わる際の原則も、自分の価値観や信念を反映したものです。だからこそ、一瞬ごとに変化する状況のなかでも、一貫して自分の原則に沿った行動を選択することができるのです。

スーパーバイザーの勉強会などのグループで話し合いをすると、しばしば次のような価値観が浮上します：

　　尊厳、品格、完全性、安全性、相互関係、自己決定であること

また、次のような原則も含まれることがよくあります：

　　権限を与えること、コミット（決意）すること、恩恵をもたらすこと、

　　傷つけないこと、守秘義務、正直さ、透明性

スーパーバイジーが所属する組織、スーパーバイジーが接するクライアントや同僚たち、また、より大きなコミュニティーのあり方に応じて、行動の仕方や物

事の手順は大きく異なるでしょう。

　あなた自身の原則は、どのような価値観を反映しているでしょうか？ また、そこから生まれるあなたの行動はどうでしょうか？

　ここで、いくつかの例を見てみましょう。

核となる信念や価値観
（私たちが信じ、最も重視しているもの）

例：「人は平等であり、存在自体が価値あるものだ」
　　「人は誰でも成長し、変化することができる」
　　「人は誰でも、世界の調和と個人の統合に貢献することができる」

原則
（個人の価値観を反映した倫理的ガイドライン）

例：「人には敬意を持って接しよう」
　　「約束は守ろう」
　　「しかるべき責任をとろう」
　　「裏表のないコミュニケーションをとろう」
　　「信頼と率直さに基づいた関係を築こう」

実際の行動、ふるまい
（結果として私たちが行うこと）

例：「役割と介入について、すべての人に明確な説明を与える」
　　「関係者全員とのコントラクト」
　　「適切な境界線を保つ」
　　「注意深く耳を傾ける」
　　「敬意を持ってフィードバックする」
　　「互いが同意したタイミング（時間）を守る」

ではここで、この章の冒頭に挙げた事例（82ページ）と、その事例についての課題を再度振り返ってみましょう。あなたは自分自身の価値観や原則に沿って、どのように反応し、どのような行動を起こすでしょうか？　その場合にあなたが重視するものは何でしょうか？

　以下の例のように、特定の状況や思いがけない出来事が、私たちの価値観に新たな視点をもたらすことがあります。

　　あるコーチは、自分の仕事に対する確信を失いつつありました。それは特定の何かというわけではなく、自らのコーチング全体についての感覚でした。この感覚がどこから来るのか考えるうちに、彼女は自分が金銭感覚のバランスを保てなくなっていることに気づきました。彼女は給料の良い組織で働きながら、ボランティア組織や共同体プロジェクトなどのグループにも関わっていました。それぞれの現場での金銭感覚のずれに直面し、彼女の価値観と調和しなくなっていたのです。

　あるいは以下の例のように、何年もの間しがみついていた原則が、実は調整可能であったことに気づくかもしれません。

　　別のあるコーチは、企業のために働くことはしないと決めていました。彼は自分の能力の使い道として、専門家を支援すること、公的サービスにおける能力開発に携わることを中心にしており、それが彼の原則となっていたのです。しかし、彼はしだいに、自分の共感能力がビジネスの現場において大きな意味を持ち得ることに気づき始めました。彼の価値観は変わりませんでしたが、働き方については自らの原則をさらに拡げることができ、より健全な社会づくりへの貢献ができるようになりました。

行動のガイドライン

　個人がそうであるように、組織も独自の価値観、原則、行動様式を備えています。組織が自らの価値観を常に明らかにしているとは限りませんが、私たちは組織の観察可能なふるまいを通じて、その価値観を推測することができます。それによって、組織の価値観と自らの価値観がどの程度共通しているのかを見極めることができるのです。

　「それは間違ったことなのか？　あるいは、ただ単に私のやり方ではないということなのか？」

　これはスーパーバイザーがよく直面する課題ですが、原因は人によって仕事のやり方の原則が異なるからです。

　スーパーバイザーとして、私たちは数多くのコーチと接します。コーチングを始めたばかりの人もいれば、ベテランもいます。それぞれのバックグラウンドや受けてきたトレーニングもさまざまです。そして、コーチたちもさまざまなクライアントと関わります。彼らがどのような苦境に陥り、また、そこをくぐり抜けるのか。あなたはいつでも自分の予想とは違う展開に驚き、喜び、あっけにとられる体験をするでしょう！

　スーパーバイジーとセッションを行うにあたり、スーパーバイザーであるあなたはそれぞれの状況において「何が OK で、何が not OK なのか？」、「何が正しく、何が間違っているのか？」を見極める深い洞察力（識別）が求められます。また、その状況下でのあなたの見解やアプローチがスーパーバイジーのものと異なっていることについて、それが単なるあなたの好みや習慣によるものではなく、適切な判断であるということをわかりやすく伝える必要があります。

　倫理についての問いかけの面白さは、たったひとつの質問から、いくつもの答えや問題解決の糸口を見いだせるところです。相互学習やシェアリングを行ううえで、私たちは倫理こそが最も探求すべき豊かな領域であると信じています。

法的価値観について

　ワークの進め方には、私たちそれぞれが持っている原則が反映されます。職場の文化や、もちろん「法律」も重要な原則のひとつです。コーチの行動でそれらに違反しそうなものがないか、把握しておきましょう。

法的にスーパーバイザーが開示すべきこと

　国や地域によって法的な要求事項は異なりますが、少なくともあなたがセッションを行う地域、およびスーパーバイジーがクライアントと共に活動する地域の法律については、理解しておく必要があります。一般的なルールがわかれば、法的に開示すべき内容がスーパーバイジーとの間でも共有できるでしょう。こういった情報の取り扱いに関する内容は、スーパービジョンを始める時点でコントラクトの一部に含んでおきます。

　例えば、英国では児童虐待、マネーロンダリング、テロの実行や計画について、それらに気づいた時点で適切な機関に通知する義務があります。また、こうした義務に加えて、個人情報の保護にも気をつける必要があります（基本的にクライアントが同意しないかぎり、相手の個人情報を保持することも、その情報を第3者に引き渡すこともできません）。そして、ある人が自分自身、もしくは他者に危害を加えるおそれがあるとあなたが判断した場合、その人にその旨を伝え、その人が状況を変えるために何らかの行動を起こしたり、あるいは何らかの助けを求めたり（医師の診断や上司への相談など）しない限り、本人に代わってスーパーバイザーのあなたが開示しなければなりません。これらの責任はスーパーバイザーだけでなく、コーチにも適用されます。スーパーバイザーやコーチは、セッションなどでのクライアントの反応や危険な徴候に敏感であることが求められています。

メモや記録の保持

　コントラクトを締結したら、取り決めた内容の細かな部分までもれなく記録したいと思うかもしれません。また、進行するなかで生じた変更についても、残らず記録しておこうとするかもしれません。

　しかし、一旦コントラクトを締結したあとは、スーパーバイザーによる記録は最小限にとどめておくほうがよいでしょう。スーパーバイジーも、学びを進めるうえで何が効果的だったかを記録することに集中します。

　私たちがスーパーバイザーにおすすめしているのは、セッションの記録を以下に示す重要なポイントに絞ることです。

　　　◇ セッションでの主な内容
　　　◇ セッションでのスーパーバイザー、もしくはスーパーバイジーのコミットメント
　　　◇ 次回に先送りとなった事柄
　　　◇ 記録が必要だと思われる、何らかのテーマや課題
　　　◇ セッションでの発言は、意訳せずにそのままを記録する

　また、私たちは、現在広まりつつある、パソコンに記録を打ち込みながらセッションを進めるというやり方に強い懸念を抱いています。セッションでは、視覚、聴覚、身体感覚、直観を含めたあらゆる情報に最大限の注意を払わなければなりません。スーパーバイザーとスーパーバイジーの双方が自分自身、他者、お互いの関係性において完全に「今、ここ」にいる必要があるのです。

メモと記録——あるコーチの体験から

　私は2年間、ある企業の依頼で1人の取締役のコーチをしていました。そのクライアントの企業は大規模なリストラを行う困難な時期にあり、加えて、彼は会社のオーナーからひじょうに大きなプレッシャーを受け

ていました。そのためワークでは、彼自身も会社もハッピーになれるように、オーナーとの関係性をどう結んでいくかが主題でした。

　彼は極度の肥満と体調不良だっただけでなく、ときどきオフィスで怒鳴り声を上げるなどのストレス反応を示していました。また、数カ月前から医師に抗うつ剤を処方されていました。彼はそのことを私には話してくれましたが、職場では公にしていませんでした。

　彼とのコーチングがすべて終わったとき、状況は彼にとっても、会社にとってもうまく進んでいるように思えました。しかし約半年後に彼から届いたメールには、「会社と裁判で争っている」と書かれていました。彼はすでに会社を去っていたのですが、お互いに相手を訴えていたのです。

　私は企業の人事責任者からも連絡を受けました。そして、元クライアントと人事責任者の双方から、コーチング中の彼の身体的・精神的状態に対する私の見解を「報告」してほしいと頼まれました。

　人事責任者には、何度か話し合いをすることで、私が守秘義務を破るつもりがないことを納得してもらえました。ところが元クライアントが、私がすべてを明らかにする許可を以前から私に与えていたと言ってきたのです！

　この板挟みの状況をあなた自身の信念・原則というレンズをとおして眺めてみましょう。この状況で、あなたはコーチとしてどのようにふるまうでしょうか？　もしあなたがこのコーチのスーパーバイザーであれば、どうこの課題を進めていきますか？　コーチはどう振る舞ったと思いますか？

　私は元クライアントに以下のことを伝えました。
(a) コーチングが完了した時点であらゆる記録を破棄していること
(b) 守秘義務はあらゆる方向に適用されるため、「彼の側（クライアント

側）」にも「別の側（コーチングの依頼と支払いを行った会社側）」のど
ちら側にも記録を開示できないこと。

　そして、ワーク中のメモであれば、多少は使えるものがあるかもしれ
ないと伝え、彼の求めに応じて、メモの覚書をメールで送付しました。

　その後、彼からの連絡はありません。

パワーと平等

　例えば、コーチング、メンタリング、カウンセリング、セラピー、コンサルティング、
そして友人としての支援など、仕事内容が重なり合うプロフェッショナル、あるい
は非プロフェッショナルたちは、似た資質を持っています。

　あなたはこれらの違いを明確に認識していないか、あるいは、ある1人の人
物にいくつかの異なる役割を期待するかもしれません。コントラクトや再コント
ラクトが明確であれば、ある程度までは役割を重ねて進めることも可能でしょう
（なんとかなるでしょう）。しかし、スーパーバイザーという立場でスーパービジョ
ンを行うのですから、「あなたがしていることはコーチングですか?」というよう
な質問をするのは当然ではないでしょうか。

　スーパーバイザーにとって重要な課題の1つは、境界線を見直し続けること
です。そして、そこには活動内容の境界だけでなく、情報の境界も含まれます。
情報の境界についてはしばしば倫理的なジレンマを引き起こします（むしろ、そ
の核心と言えるかもしれません）。特に大規模な組織で活動する際にはなおさら
です。

　では、境界線があやふやになっていく様子を2つの事例からみてみましょう。

ある組織に属するコーチは、スーパービジョンのなかで次のように報告しました。

　「個人的な問題のために、セッションがすぐ堂々めぐりになるクライアントがいます。お互いに同意したアウトカム（成果）があったとしても、不安のあまりに彼はまったく身動きが取れなくなってしまうのです」

　そのコーチはまだ経験が浅かったこともあり、このままではどうしようもないと感じていましたが、スーパーバイザーから「そのクライアントの問題は、コーチングではなくカウンセリングで取り扱うほうが適切かもしれない」というアドバイスを受けてホッとしました（その組織ではカウンセリングを受けることも可能だったのです）。

　彼女はクライアントが抱えているものをすべて受け入れるのが自分の義務だと感じており、その段階で必要な境界線を見極めるだけの経験がありませんでした。

クライアントを他の人に任せるべきなのはいつか、そしてコーチングの範囲に含まれるものは何か、含まれないものは何か、これらを学ぶのは経験の浅いコーチにとってひじょうに重要なことです。

　企業に勤めているベテランコーチが、あるクライアントを担当することになりました。クライアントは円満な形でその企業を退職しようとしていたため、企業からの依頼で、彼がより望む形で退職し、今後のキャリアを後押しする手助けになるようコーチングを行うことになったのです。

　最初から数回のワークは、とても実りの多いものでした。お互いの同意のもとに退職プランが練り上げられ、未来はますます明確になっていきました。退職するまでには、まだたくさんの時間が残っていたのです。

　実際のところ、クライアントが立ち上げようとしている新たなビジネ

スのアイデアについて、ベテランコーチとクライアントの双方が意気投合しており、お互いがこのワークの時間を理想的な共同作業だと見なしていました。彼らの職業上のバックグラウンドと専門的スキルはひじょうに共通点が多く、それもワークが驚くほど順調だと感じさせる要因でした。

　そのベテランコーチはスーパーバイザーに、興奮しながらすべてを報告しました。そして、報告を聞いたスーパーバイザーが「コーチとクライアントの関係」と「同僚としての関係」を混同していないかとたずねたとき、彼は大きなショックを受けました。

倫理とトライアングル

　スーパービジョンが「セラピー的な関わり」となる場合があるかもしれませんが、決して「セラピー」ではありません。それはコーチングでも同様です。

　この境界線を厳密に意識することは、スーパーバイザーの倫理的責任です。

　では、スーパービジョンにおける3つの異なる機能（マネジメント、サポート、デベロップメント）を、倫理という観点から検討してみましょう。

　まずはトライアングルのマネジメントコーナーを見てみましょう。このコーナーにこそ倫理的な手順が最も顕著に現れます。セッションの際にマネジメントコーナーを機能させることで、倫理的標準を厳密に維持できるのです。

　スーパーバイジーはワークにおいて何がOKで何がOKでないのかを、最初はスーパーバイザーを通じて、やがては自分自身の気づきによって学んでいきます。倫理面でのルールが効力を表すのは、そのルールが破られ始めたときです：

　・境界線をどのように維持しますか？

　・そのセッションはコントラクトの範囲を超えていませんか？

　・スーパーバイジーの能力は十分ですか？

マネジメントコーナーが機能してはじめて、サポートコーナーに進むことができます。サポートという機能はスーパーバイジーの支援に不可欠ですが、現状維持で満足させてしまうリスクも伴います。実際のところ、経験の浅いコーチはもちろん、ベテランのコーチまでもが安心感を得るためだけにスーパービジョンにやってきます。スーパーバイジーは皆、自分が「ちゃんとやっている」という保証をスーパービジョンに求めているのです。それを与え続けて「良き親」を演じることは、スーパービジョンの関係を破滅へと導く甘い果実です。

そこから抜け出すには、第3のコーナーである「デベロップメント」に進まなければなりません。デベロップメントコーナーは、まさにワークにおける「共同創造」が試される最前線です。このコーナーにおいて心理的コントラクトと「目の前で実際に起こっていること」に対して注目するプロセスとして倫理がより重要になってきます。

出し惜しみデータ

非教示的なモデルでトレーニングされたコーチたちがしばしば身につける「出し惜しみする」という手法があります。コーチは、自分の体験をコーチングの場に持ち込まないよう努力するものです。なぜならば、メンタリングやティーチングといった、コーチング以外のことをしたくないからです。契約はコーチングなのですから当然です。

ところで、コーチたちが「出し惜しみする」情報のなかには、クライアントに有用でありながらコーチだけが持っていてクライアントは持っていない、または、クライアントにはそれを手に入れる手段さえわからないものがあります。私たちは、その情報を「出し惜しみデータ」と呼びます。

クライアントが問題解決の手段を自ら考え出せるようになるため、コーチはその機会を十分に提供すること。そして、その重要性を認識してもらうこと。これ

はコーチにとって本質的な活動であり、コーチはそのための情報を持っています。クライアントがこうした情報（トレーニングの方法、支援の枠組みなど）を知らないのであれば、なぜコーチは伝えないのでしょうか？　データを出し惜しみすることの根底にある「何か」。私たちは、その潜在的な「何か」こそが、コーチとクライアントの関係性においてパワーバランスの不均衡をもたらす要因であると確信しています。コーチが何らかのデータを出し惜しみしているとしたら、それによってコーチは不当に強い立場を得るのです。

　これは、スーパーバイザーとスーパーバイジーとの間でも起こり得ます。もしかするとスーパーバイザーは何かをスーパーバイジーとシェアすることについて「避けよう」とするかもしれません。

　「私はあなたが知らないことを知っているし、それを伝えるタイミングも私が決めます」

　スーパーバイザーはこのような考えに落ち込む危険があります。

　実際のところ、それは双方にとって不快で、間違ったことです。スーパーバイザーが「親」的な役割や過剰な責任を引き受けることを恐れるのは妥当なことですが、自分の知識を分かち合うことは「親」的な役割ではありません。それは「アダルト（A）」の役割です。スーパーバイジーが知識を拡大する機会を、私たちは提供する必要があります。そして同時に、私たちが提供するものがスーパーバイジーのニーズに合わなければ、彼らは完全に拒否できるのです。これは彼らへの信頼の表明でもあります。

　コーチたちは自分のワークがメンタリングやティーチングのようになることを恐れます。しかし、全体において創造的な関係性になるのであれば、余地は残すべきでしょう。もちろんこれらは常にコントラクトや再コントラクトを結びながら進める必要があります。こうすることで「何をすべきか」をクライアントに指示するのではなく、クライアントの意思を尊重することができます。

これはコーチだけに当てはまることだと思われるかもしれません。しかし、スーパーバイザーがスーパーバイジーと対等な力関係を維持することで、彼らの見本となることができるのです。それこそが最も生産性が高い学びの場であり、コーチがクライアントとの関係において対等であることへの許可と自信をもたらします。

スーパービジョンは、情報提供から共同作業にいたるまでさまざまな場面に適用することができます。第5章では、それらに関する議論といくつかのダイアグラムを提供します。

グループやチームへのスーパービジョン

組織文化が自分にとって不慣れなものであったり、あるいは、ものごとの進め方が大きく異なっていたりする場合、私たちは倫理的原則を守ることや、いつもの手順どおりに進めることが難しくなります。

スーパーバイザーはグループにおける人間関係のダイナミクスと、そのグループの文化がどのように発達してきたかを知る必要があります。グループで何が起こっているのか？　グループがどのように生まれ、消滅していくのか？　その理解を助けるためのモデルがいくつもあります。第5章でお伝えする「グループ・イマーゴ」もその1つです。こうしたモデルを使うことで、グループにおけるプロセスやダイナミクスに気づくことができ、グループ・スーパービジョンはより刺激的で豊かな発見をもたらすものとなるでしょう。特に、そのグループが個人の気づきや洞察をシェアすることで、メンバーの成長と専門能力の向上を目指している場合はなおさらです。

グループ・スーパービジョンのコントラクトには、次の事柄を含むようにしましょう：

　　◇　参加者1人に対するスーパービジョンの時間配分をどう取り決めるか
　　◇　グループのバウンダリー（境界）

◇ グループに参加、または脱退するための方法

◇ スーパーバイザーは誰に対して責任を負うのか

◇ メンバーが負うべき守秘義務のレベル

◇「管理者」責任の所在

コントラクトが明確であれば、スーパーバイジーの「見られている感」から起こる不安や軋轢を減らすことができます。

また、グループの目的もはっきりさせる必要があります。そのグループはある目的に完全に特化したものでしょうか？　それとも、個人のニーズや状況を取り上げる余地があるでしょうか？　グループに対してスーパービジョンを行う場合、こうした複雑な対応が求められるかもしれません。

ここで上げた事柄は、主にスーパービジョンを受けるために集まったコーチのグループや、（他の人々にスーパービジョンを行う）スーパーバイザーのグループに対するものです。しかし、グループの外側（背景）には、さらに別の「チーム」が存在するかもしれません。

そのため、スーパーバイザーはグループの文化やダイナミクスを見極めるだけでなく、さらに別の要因を考慮する必要があります。その１つがグループのバウンダリー（境界）です。

まず、グループに含まれるのは誰でしょうか？　その人々はグループの外でどのような活動を行っているでしょうか？　そこに役割の混乱はないでしょうか？　例えば、社内のコーチングチームが異なる役職・階層の人々で構成されている場合、彼らは自分たちがクライアントに行うのと同じようなスーパービジョンをこのグループ内で受けようとしているのでしょうか？

チームはそれぞれ固有のダイナミクスを持っており、それはスーパービジョンの場でチームの規範や他のメンバーへの期待という形で現れます。しかしなが

100　　*3*章　倫理〜バウンダリー（境界）と責任

ら、それについて明確な話し合いや交渉が行われていたり、そうではなかったりします。最初のコントラクトを結ぶ段階でそれらのダイナミクスが明らかになっていれば、グループの潜在的な発達につながる可能性があります。

組織内コーチのためのスーパービジョングループ

　コーチが所属する組織には、既にその基盤となる倫理規定が存在しているはずです。コーチは、自分自身と組織とのコントラクト（何が許され、何が許されないのか）を認識する必要があります。コーチにキャリア開発以外の関わりを求めない組織もある反面、クライアントにさまざまな事柄を提供できる組織もあります。よって、コーチの活動範囲にはいくつものバリエーションがあります。また、コーチがコーチングの専門職団体に属していない場合は、自分で倫理規定を決定しなければなりません。

　組織内部のコーチは特に、活動の他の側面でのバウンダリー（境界）を認識しておく必要があります。例えば、コーチは組織の依頼によって、リストラにあった人々の再就職支援をすることになるかもしれません。しかし、コーチ自身がリストラの計画に対して憤りを感じていたり、自分が組織にとどまることへの罪悪感を感じていたりしたら、適切な仕事をすることが難しくなるでしょう。こうした事柄は早期にグループ内で取り上げる価値があります。このような人たちを対象にしたスーパービジョン・グループを立ち上げるにあたっては、スーパーバイザーが真っ先に組織の責任者と話し合うべき事柄でもあります。

どんな人が優れたスーパーバイザーなのか？

　スーパーバイザーにトレーニングを提供し、また、スーパービジョンを学びたいと考えている人々の話を聞くにあたって、私たちは常に次の質問への答えを考

え続けてきました。

「コーチのスーパーバイザーに求められる特質とはなんだろうか？　例えば、それはカウンセラーのスーパーバイザーに求められる特質とは異なるのだろうか？」

素晴らしいコーチが、そのまま優れたスーパーバイザーになるとは限りません。トレーニングコースを始めてすぐに私たちはそれに気づきました。自分の役割をコーチからスーパーバイザーへ切り替える難しさに直面する人々が現れたのです。それは、スーパーバイザーに必要な「評価能力」、および「メタ認識」という特質に関するものでした。この2つは「なりたてのスーパーバイザー」にも最低限必要なものとして、私たちが見いだした特質でもありました。読者のあなたは他にも必要だと思う事柄があるかもしれません：

　　◇ コーチとしての豊かな経験
　　◇ コーチ以外の専門分野での経験
　　◇ コーチングの資格
　　◇ コーチとして活発に活動していること
　　◇ 信用があり、知恵があり、自己認識があり、誠実な人物であること
　　◇ 他者の成長と、専門性を開発することに前向きな興味を持っていること
　　◇ 自分の専門家としての実践能力を伸ばすことにコミットしていること

加えて、スーパーバイザーとしての経験を積み重ねるなかで、さらに次のような特質を獲得してほしいと思います：

　　◇「プロフェッショナルな活動」としてのスーパービジョンとは何かを理解すること
　　◇ 自分自身の成長と専門性の強化
　　◇ 有用なスキルを身につけること

◇ コーチングについて違った視点から見る機会を持っていること

◇ 関心のある仲間たちと話し合ってコーチングの課題を見極め、デザインする機会を持つこと

　コーチがトレーニングをはじめ、クライアントとの体験を積み重ねていくなかで、スーパービジョンはコーチが成長し続けるために最も重要な要素となります：

◇ 能力の発展を加速する

◇ 専門家としての水準、および倫理的基準を維持する助けとなる

◇ コーチの心理的健康を守る

◇ クライアントの肯定的かつ有益な体験に大きく貢献する

　スーパーバイザーとして体験を積み、俯瞰的な見方ができるようになるにはどう学べばよいでしょうか？　あるいは、スーパーバイザーに必要な能力とは何でしょうか？　これは、いくつものコーチング団体で議論されている課題です。

　これからご紹介する内容は、スーパービジョンの土台となる価値観や原則、およびコーチのスーパーバイザーに求められる適性と能力について、私たちがトレーニングコースの参加者と数年間にわたって議論を重ねるなかで明らかになったものです。議論の結果をスーパービジョン・トライアングル、およびスーパービジョン・チェックリストと関連づけています。みなさんのさらなる議論と、個人での振り返りに役立てていただければと思います。

コーチのスーパーバイザーに求められる適性・能力

全般的な能力

　関わり全般において、コーチのスーパーバイザーに求められる適性・能力：

◇ 誠実さ。心を通わせる能力。柔軟性

◇ 複雑なことを処理する能力

◇ 共同創造のアプローチ

◇ 平等で OK-OK な関係性

◇ メタ認識、およびメタ思考（俯瞰的に物事を把握し、思考できる能力）

◇ 個性と多様性への尊重

◇ 共感と分離

◇ 出来事とそのプロセスに関する心理的フレームワークへの理解

◇ スーパービジョンのさまざまな側面に注意を払い、バランスを保つこと

これらの適性・能力はスーパービジョン・トライアングルの3つのコーナーに関連づけることができます。また、それぞれのセクションはスーパーバイザー・チェックリストとも関連しています。チェックリストは 76 ページをご覧ください（5章でくわしく議論しています）。

マネジメント（管理）…専門家としてのコーチ

関係するすべての人々に対して、スーパーバイザーは説明責任を果たします。

◇ 背景と境界を設定する（コーチングとメンタリングの区別など）

◇ スーパーバイザー自身の価値観と立場を明確にする

◇ 倫理的問題への注意を怠らず、コーチへの指摘、および配慮を保つ

◇ 複数の関係者とコントラクトを締結し、それを遵守する

◇ コーチとクライアントに対して、確実な安全性と保護をもたらす

◇ 合意したゴールに向けて活動する

◇ 必要に応じて他の専門家を紹介する

◇ 守秘義務の機密のレベル、および範囲に同意する

◇ システマティックに考え、多方面への影響に配慮する

◇ 組織やコミュニティーを俯瞰的に見るよう注意を払う

◇ 自分自身がスーパービジョンを受けたり、振り返りや自己成長のための
時間を取ることも含めてのセルフ・マネジメントを行う

これらはコントラクトを遵守するためのものであり、かつ悪影響が生じる可能
性を減らします。

サポート（支援）…1人の人間としてのコーチ

スーパーバイザーはコーチ（スーパーバイジー）の要望に配慮します。

◇ コーチのニーズにフォーカスする

◇ 肯定的、支援的な関わりを維持する

◇ コーチが持っている「地図」を信じる許可を与える

◇ コーチの曖昧、矛盾、「知らないこと」をセッションで取り上げる

◇ 直観を効果的に用いる

◇ 信頼、関わり、親密さを築く

◇ 学びの素材として自分自身の反応を大切にする

◇ パラレル・プロセスを見極められるだけでなく、それに名前をつけ、セッ
ションの対象とする

◇ 心理的レベルを「クリーン」に保つ

◇ コーチと自分自身のパターンを認識する

◇ 自分自身をサポートする手段を持っている

これらによって、コーチの Key Issue を見極めます。

デベロップメント（発展）…コーチとしてのコーチ

スーパーバイザーは成長を促します。

◇ コーチにとっての潜在的な問題や課題を認識し、それを気づかせる

◇ コーチの成長段階にあった介入を適切に行う

◇ コーチの知識、スキル、認識の変化に気づき、さらなる発達を促す

◇「実践と理論」を結び合わせるように働きかける

◇ 実践に対して事実に基づく客観的なフィードバックと評価で、学習を奨励する

◇ システマティックな思考と文化的認識を併せ持つ

◇ 振り返りと積極的な体験及び、自己発見を引き出す

◇ アダルト（A）の気づき、ならびにソリューション・フォーカス（解決志向）な態度を促す

◇ 成長を促すような積極性と適切なチャレンジをする

◇ コーチとして幅広い視点（総合的見地）を持つように励ます

◇ スーパーバイザー自らの発展と専門能力の向上に努める

これらによって、成長を加速します。

考えを深めよう

　スーパービジョンはとても新しい分野で、それはどのような関係性なのか？「心理的コントラクト」とは現実的にどのようなものか？「健全なコントラクト」とはいかなるものであるべきか？　といったことを明らかにするための問いかけが、今も行われています。

　例を挙げて考えてみましょう。私たちがカウンセリングやセラピーについて議論する場合、おそらくセクシャリティーやジェンダーといったテーマに意識を向けるのは自然なことでしょう。しかし、コーチとクライアントの間で締結するコントラクトでも、スーパーバイザーとスーパーバイジーの間で締結するコントラクトでも、こうしたテーマが浮上することはめったにありません。とはいえ、心理的レベルでこうした影響力は確かに存在します。これは、他のあらゆる関係性でも

言えることでしょう。

　では、私たちはコントラクトの一部として、セクシャリティーやジェンダーに関する事柄を含めようと思うでしょうか？　含めるとしたら、どのようにするでしょうか。もし、含めることを望まないとしたら……どのような事態が起こり得るでしょうか。考えてみましょう。

以下は、考えるきっかけです。

　◇「ケミストリー・ミーティング（顔合わせ面談）」──顔合わせをこのように説明することは適切かどうかわかりませんが、確かに、人間関係における「ケミストリー（相性）」は、私たちのレーダーに引っかからないレベルで何かを暗示しています。私たちが理解し、感じたから名前があるわけではなく、意識さえもしていない「引力」が存在するのです。そして、こうした「引力」は、私たちの文化では厄介なお荷物となる可能性があります。

　◇ コーチとクライアントの間で実際に「引力」はあると思われます。それらは、知的であったり、情熱的であったり、なおかつセクシャルな要素であったりします。実際のところ、多くのコーチが性的魅力を持ったクライアントから専門家として適切ではない関係に誘われるという体験をしたこともあるでしょう。こうした「引力」は、しばしばドラマ・トライアングルの枠組みや、不適切な自我状態（例えば、過度の養育的ペアレント）として現れ、私たちが専門的な役割を効果的に全うする妨げとなります。

　コーチとクライアント、あるいは、スーパービジョンという関係性において、あなたはセクシャリティーやジェンダーについてどのような考えを持っているでしょうか？　コーチ、あるいはスーパーバイザーとして、何らかの問題に遭遇したこ

とがあるでしょうか？　その時、あなたはどのように感じ、ふるまったでしょうか。

　以下の体験談は、とても考えさせられます。

　私はある組織の重役のコーチを務めることになりました。彼は2名の男性コーチと面談した後で、人事部に女性コーチを割り当てるように要望したため、私が彼のコーチを担当することになったのです。

　初回と2回目のワークでは、彼の新たな職務上の役割について取り上げ、セッションは専門的で有意義な時間となりました。2回目のワークの後、彼から次のようなチャットメッセージが届きました。「あなたはタトゥーをしていますか？　そうは見えなかったのですが」

　私は次のように返信しました。

　「ご参考まで：メッセージを受け取ったのですが、どうも別の方宛のメッセージのようです」

　直ぐに返信が返ってきました。

　「いえいえ、あなたへのメッセージです。タトゥーをしていますか？」

　私は返信をしませんでした。すると、次のワークの前に彼からメールが届きました。

　「質問に答えていませんよ」

　私はそれも無視しました。

　私たちは3回目のワークを行ったのですが、そこではこの話題はまったく出ませんでした。ですが、ワーク後、またメールが届きました。

　「タトゥーについてたずねるのを忘れていました」

　私はスーパービジョン・グループでこの件について話すことにしました。

グループであなたがその話を聞いたとしたら、あなたはどのように反応したでしょうか？

多くの人が、このように言いました。

「どうして（彼に直接）ハッキリ言わなかったの？」

「チャットって基本的に親しい相手とのやりとりに使うツールだって知ってるでしょう？」

ストーリーとジレンマ

次のエクササイズは、スーパーバイザーの仲間と行うと有効なものです。

メンバーの誰かが、利害が衝突する状況や倫理的な問題などで、どのように行動するか判断に迷った出来事について話をします。グループの参加者はそれを聞いたときの自分の最初の反応がどのようなものであったかを話します。そして、グループ全体で時間を取って、最初の反応が自分の個人的な価値観や原則とどのように関連しているかを振り返ります。続くディスカッションで、振り返りによって得られた各自の考えや新たな洞察をグループでシェアします。1人ひとりが異なる観点を持っていることでしょう。

話し合いを重ねるなかで、それぞれが自分自身の信念と行動の選択に関する気づきを深め、自分だったらどう行動するかを決めていきます。そこにこのエクササイズの価値があります。

Notes and Resources

◆ 個人的構成心理学（Personal Construct Psychology）はジョージ・ケリー（George Kelly）の研究から生み出されたものです。子どもたちが自分の現実をどのように構築するかに関する彼の考えは、TA の脚本理論と共通する部分があります。個人の基本的価値観は、その人が内向的か外向的かで異なります。また、現実性や何かを重要だとみなす感覚も、個人の達成感や他の人々との関係性に左右されます。

ドロシー・ロウ（Dorothy Rowe）は、私たちが持つ意味づけの必要性をどう理解するのか、そして私たちが変われるということをどう認識するかについて効果的に探求しました。

◆ ロジャー・スティアー（Roger Steare）は著作 "Ethicability" のなかで、読者に「正しい行動とは何かを理解し、それを行う勇気を見いだすこと」と示しています。彼はビジネス領域をターゲットにしていますが、その文章は力強く刺激的であり、いくつもの挿絵でわかりやすく表現されています。きっとこの本からいくつものひらめきを得ることができるでしょう。

◆ 興味深いことにホーキンスとスミスは、能力を次のように区別しています。

(a) コンピテンシー（competencies）：スキルを使うための能力

(b) ケイパビリティー（capabilities）：スキルを適切に使うための能力

(c) キャパシティー（capacities）：個人の特質

a と b は「行為」に関するものであり、c は「（他の人々、もしくは自分自身との）在り方」に関するものです。そして、彼らは「キャパシティー」という能力について、「存在の完全性と複雑さを含む個人の許容量」であると要約しています。

◆ 以下のウェブサイトには、それぞれの組織の倫理規範、および専門的行動規範が記されています。

Association for Coaching（コーチング協会）
www.associationforcoaching.com

British Association for Counselling and Psychotherapy（英国カウンセリング・サイコセラピー協会）
www.bacp.co.uk

British Psychological Society（英国心理学協会）
www.bps.org.uk

Chartered Institute of Personnel and Development（組織開発公認協会）
www.cipd.co.uk

European Mentoring and Coaching Council（ヨーロッパ・メンタリング・コーチング評議会）
www.emccouncil.org

International Coaching Federation（国際コーチング連盟）
www.coachfederation.org

Tomoko's Voice

本書でも多く語られる TA の倫理観並びに専門的行動規範はこちらから。
https://itaaworld.org/ethics-and-professional-practices

ITAA のホームページ： https://itaaworld.org/

References

Rowe, D. 1996, Dorothy Rowe's Guide to Life. London: HarperCollins

Steare, R. 2008, Ethicability: How to decide what's right and find the courage to do it.Roger Steare　Consulting, www.ethicability.org

Kelly, G. 1963, A Theory of Personality: Psychology of Personal Constructs. Norton (republication of the first three chapters of Kelly's two-volume work, The Psychology of Personal Constructs)

Hawkins, P. and Smith, N. 2006, Coaching, mentoring and organisational consultancy: supervision and development Maidenhead: Open University Press

4章

Perspectives

パースペクティブ（視点）

〜ワークの見方

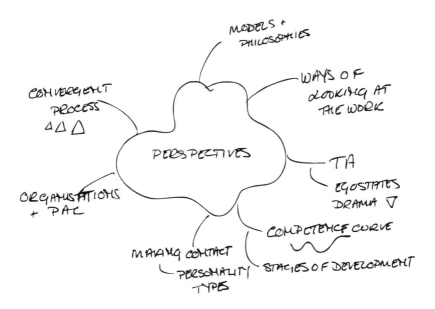

「コーチングを聞く活動だとすると、スーパービジョンとはより多くのことを見る活動だと言えるだろう。また、ときどきは行く手に潜む危険やチャンスをはっきりコーチに伝えたり、一緒に道を歩む者として、これからコーチがしそうなことを助言したりもする。

　よいスーパーバイザーとは、現状をクリアに見るためのポジションを維持できる人物であり、コーチとコーチの行うワーク（現場）で生じた出来事との間で（コーチを）リードできる人物であり、ワークやコーチに入り込みすぎてクリアな視点と感覚を失うことがない人物であり、必要なときに明確な方向性を提示できる人物だろう。実際のところ、スーパービジョンにおける危機のほとんどは、それが馴れ合いであれ、指導するための意図的なものであれ、スーパーバイザーが自分のポジションやバランスから引きずり出されることから生じる。そのため、直観的なサポートと洞察に満ちた厳しさの両方が不可欠なのだ」

パトリック・ホッブス（Patrick Hobbs）

　あなたがスーパービジョンを行うとき、あるいはスーパービジョンを受けているとき、あなたは何らかの「フレームワーク（枠組み）」を意識しているでしょうか？それとも、直観に頼るのみでしょうか？

　自分がどのようにスーパービジョンを行っているかについて振り返ることで、自分のなかに無意識に何らかのモデルやメソッドが存在することに気づくかもしれません。

　そのことについて同僚と話し合っている場面を思い浮かべて、次のことを問いかけてください。

　　◇ どのようなアイデアやフレームワークに基づいてセッションを始めたでしょうか？

◇ 何かを付け加えたでしょうか？　それはなぜですか？

◇ 何かを放棄しましたか？　それはなぜですか？

◇ あなたのフレームワークについて、今どのように説明できますか？

◇ スーパーバイザーとしての自分をどのように描写しますか？

　スーパービジョンは比較的新しい分野と言えますが、コーチのためのスーパービジョンともなればなおさらです。カウンセリング、セラピー、ソーシャルワークといった領域では、スーパービジョンが不可欠で当たり前のこととして受け入れられ、すでに確立されていたので、そのやり方に「便乗する」傾向が初期段階ではありました。そのようななか、コーチ・スーパービジョンが他の専門分野のスーパービジョンとどう異なるのかについて、最近の議論や研究から生まれた1つのプラス要因は、「スーパービジョンとは何か？」、「私たちは、何をもって優れたスーパービジョンだと認めるのか？」という考えに至ったことです。

　新人スーパーバイザーと仕事をする際に、私たちが描いているパースペクティブを以下に示します（図4.1）。

● スーパービジョン・トライアングル	● 共同創造
● ソリューション・フォーカス	● 発達の段階
● リレーショナル・スーパービジョン	● ストーリー
● 学習サイクル	● コンタクト・ドア
● ドラマ・トライアングル	● コントラクト
● コンピテンシー・カーブ	● コンバージェント（収束）・プロセス
● パーソナリティータイプ	● イマーゴ
● セブン・アイ・モデル	● パラレル・プロセス
● 自分自身のツール	● チェックリスト

図4.1

この4章では、私たちが提供しているトレーニングの理論的な背景をご紹介し、私たちが描いているいくつかのモデルをお伝えすると同時に、セッションを支えているスーパービジョンについてのビリーフ（信念・信条・思い込み）と、それらがどう関連するのかを探求します。

例えば、スーパービジョンの一瞬一瞬に「いったい何が起こっているのか」に集中し、リアルタイムでセッションの進め方や技法の使い方を取り上げます。また、内的フレームワークとワークの形づくるモデルを通じて、私たちがスーパービジョンをどう進めるのか、スーパーバイザーの一挙手一投足についてどう考えたのかを説明します。

本章と次の5章は関連が深く、複数のポイントについて横断的に説明しています。本章ではまず「なぜ」「何を」そして「説明方法」を明らかにし、5章で「どのように実践するか」を伝えていきます。

ものごとの見方

図4.1で挙げたパースペクティブは、いずれもスーパービジョンの実践における理論的基盤となります。パースペクティブは、スーパーバイジーがそれぞれ重ねてきた学びの理解度や実践の度合いで変化し、彼らが持つ多種多様な哲学や仕事のスタイルにも影響されます。ほとんどのモデルが、すでに確立しているスーパービジョンの3つの機能を考慮に入れています。そして多くのモデルはスーパーバイザー自身の成長と発展を求め、スーパービジョンが組織やコミュニティーにおいて学習文化の一部になる必要性があるとしています。

それぞれのパースペクティブについてスーパービジョンと関連づけて検討を進めていきますが、その前に、私たちの包括的なパースペクティブを明確にしておきます。すでにおわかりかもしれませんが、私たち（筆者）は、スーパービジョ

ンの価値と意味はその関係性から生まれ、関わる人たちすべての変化、成長、学習もここから始まると確信しています。

　私たちが自らのアプローチに取り入れたいくつかのアイデアは、トランザクショナル・アナリシス（TA）、ポジティブ心理学、ソリューション・フォーカス、アプリシエイティブ・インクワイアリー、そして NLP に由来しています。これらすべてに共通していることは、TA 用語であるフィシス（ギリシャ語で生命と繁栄を強力に推し進める力を意味します）に支えられた人々が持つポテンシャル（可能性）についての前向きな考えを持っていることです。

　TA からは特に、スーパービジョンのなかで活用するフレームワークのアイデアや、スーパーバイジーと共にコーチング現場やスーパービジョンの現場で何が起こっているのかを分かち合う際に使える TA 用語で大きな恩恵を受けています。

トランザクショナル・アナリシス（TA）とは何か？

　トランザクショナル・アナリシス（TA）は人々が自分自身、他者、世界とどのように関わるかについての1つのフィロソフィーだと言えるでしょう。それは「I'm OK, You're OK」という言葉で広く知られています。この一見シンプルに見える一文は、世界のなかにおける他者との関係は、自分自身と他の人々を互いに信頼し、尊重する（「I am, You are」）というポジティブな上昇志向のビリーフ（信念・信条・思い込み）と共に、それぞれ独立していながらも、人々とのつながりを持った存在であるという気づきを併せ持っています。

　TA はスーパービジョンの実践において、スーパーバイザーには効果的なアイデアであるフレームワークを供給し、スーパーバイジーにはモチベーションを与えます。また、スーパーバイジーとクライアント間で起きた会話のなかでの体験や、やりとり、探求した結果を分かち合いやすい共通言語として TA 用語は最適です。

TA の根底にある価値観を反映しつつ、シンプルに表現されている 3 つの原則があります。

◇「人は誰でも OK である（I'm OK, You're OK and They're OK）」
——すべての人々が持っている価値と尊厳、ならびに自己尊重と相互尊重の信念

◇「誰もが考える能力をもつ」——誰もが、問題の解決策を見いだすことができる

◇「誰もが変わることができる」——自分の思考、行動、感情は、もし変えたければ、誰もがいつでも変えることができる

この 3 つの原則は、TA の実践において不可欠な「オープンコミュニケーション」と「コントラクト」に基づくプロセスが基盤となります。また、TA の明確でわかりやすい理論的なアプローチには以下の事柄が求められます。

1) 問題の原因を理解する

2) 倫理観に基づく取り組み

3) フィロソフィーに基づくポジション

4) 行動変容の可能性

このように、TA は人々に変革の機会を提供すると同時に、その人それぞれのやり方や時期についての決断を尊重する、ひじょうに実用的なアプローチです。

TA のツール

TA には「概念」、「モデル」、「メタファー」、「図式（ダイアグラム）」といったツールがあり、従来からある古い戦略パターンをアップグレードしたり、人間関係の相互作用、問題解決、目標達成のために新しい何かを習得したりすることで、人々の自律を促進することを目的としています。人々は、自分の周囲を認識し、関係性を保ちながら、自分自身をそれらのモデルと統合します。

TA は、私たちが日常のなかで体験した争いや、共感、ひらめき、感情などを理論的に把握するツールを提供してくれます。

TA のモデルと、モデルを使うことで見えてくる関係性は一貫して、人々がこれまでと違ったやり方で自分の体験に意味を見いだす手助けとなります。スーパーバイザーとスーパーバイジー、スーパーバイジーとクライアントは、それぞれの思考、感情、行動のパターンを認識することができ、また、彼らが一緒に行っているワークがどう影響したかを持ち寄ることで、個人的あるいは専門的なジレンマを明らかにすることができます。

私たちの在り方

コントラクトを結ぶことはスーパービジョンにおいて不可欠な要素であると、私たちは前章で強調して述べてきました。ここでは、感覚と直観を関連づけたり、分析したり、説明する方法について、カギとなる TA の考えをいくつか簡単にご紹介しておきます。

TA の最も中心的な理論は「自我状態」モデルで、PAC モデルとしても知られています（Parent, Adult, Child）。この概念は多くの人が1度は見たことがありながら、同時にしばしば誤解されるものでもあります。

例えば、アダルト（A）の機能を「使うべきだ」という信念が存在していることがあります。しかし、「最適な行動」という言葉は、状況に応じて肯定的な自我状態の機能をバランスよく使うことを意味します。

3つの自我状態もしくは、より正確に言うと、(P)（A）（C）の3つがセットになったもの（図 4.2（i）参照）は、私たちのパーソナリティーを構成するものであり、その内容は人によってさまざまに異なります。

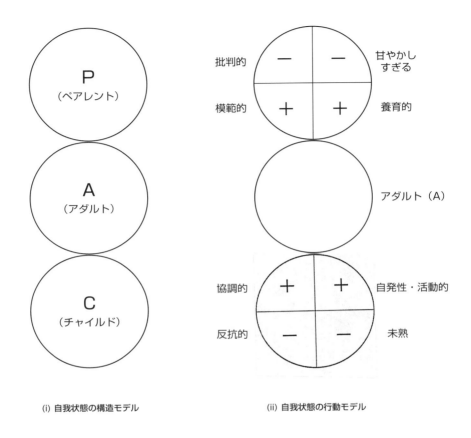

(i) 自我状態の構造モデル　　(ii) 自我状態の行動モデル

図 4.2 自我状態ダイアグラム

　私たちは幼い頃から自我状態を発達させ始め、生涯、新たな刺激を受けるたびにその内容をアップデートし続けています。私たちの経験とそれに伴う感情が、チャイルド（C）の自我状態を作りあげます。可能性の推測や客観性はアダルト（A）を構成し、また、他の人との関係性、他者の模倣やモデリングによってペアレント（P）の自我状態が形成されます（そのため、存在する周囲の人々

の違いに応じて取り入れる要素も変わってきます）。

　図 4.2(i) は、自我状態を「中身」で区分したものですが、別の分類として、図 4.2(ii) で示すように自我状態の「機能」で区分することもできます。私たちは他の人々との関係においてどのように振る舞うのか、その相互作用とコミュニケーションのあり方などを行動のモードとして説明することができます。そのモードは肯定的であるか否定的であるかのいずれかです。否定的なモードはこれまでの学習の欠落、もしくは別のやり方や戦略があることに気づかなかった結果かもしれません。私たちは肯定的態度で適切に振る舞うことも、否定的態度で批判的になることもできます。他者を支援する際に養育的にも、過保護になることもできます。さまざまな要素を考慮して相手に協力することも、抵抗することもできます。創造的で自主的であることも、子どもっぽく未熟であることもできます。重要なのはどのような状況であったとしても、「肯定的なモードから適切に反応すること」です。

　「これはスーパービジョンにおいてどのような意味を持つのだろうか？」

　スーパーバイザーは、相手の言葉の選び方、声のトーン、目に見えるしぐさなどから、注意深く自我状態の間を行き来するエネルギーの流れを察知したり、スーパーバイザーが得た直観を確認できたりします。もし、スーパーバイジーが体を緊張させながら、「正しいことをするべきです。そうじゃないですか？」という言葉を何度も繰り返したとすると、スーパーバイザーは「今、ここ」の対話を保つために「まるで、あなたの頭のなかの誰かがそう言っているように感じます」と返すか、あるいは、「本気でそう思っていますか？」とたずねる選択肢もあります。スーパーバイザーは基本的な PAC モデルをスーパーバイジーに教え、スーパーバイジーとクライアントの間、あるいは「今、ここ」でのスーパーバイザーとスーパーバイジーとの間でどのようなやりとりが生じていたのかを検討することもできます。また、セッション終了後に今回のやりとりについて検討し、スーパーバイジーが

自身の不調和を察知する能力を高めることによって、より健全な自我状態やモードを意識的に選択することを助けます。

私たちはどのように関わるのか ──やりとり、ゲーム、ライフ・ストーリー

　次に説明する概念は、私たちの間で何が起こっているかを教えてくれるものです。やりとり分析（Transactional Analysis Proper）は、自我状態から影響を受けたと考えられる私たちの表面上の関係性と行動について探求するものです。人間関係のなかで生じるやりとりを観察、分析することで、私たちは自分自身や他の人をどのように見ているか？　または、他の人々は私たちをどのように見ているのか？　私たちは自分自身の目的をどのように阻止したり、妨害したりしているのか？　（本来とは）違った結果を得ようと、やりとりをどのように変化させているのか？　など、問題を解決するためのリソースを手に入れることができるのです。

ドラマ・トライアングルと勝者のトライアングル

　これは実際のスーパービジョンのなかで最も効果的なツールの1つで、これを行うためにはドラマ・トライアングルの役割である「迫害者」、「救助者」、「犠牲者」に気づくことが必要です。

　図 4.3 のドラマ・トライアングルは、心理ゲームをするときの私たちのポジションを簡潔に図式化しています。TA におけるゲームとは、「効果的でないやりとり」を指します。心理ゲームのなかでは、私たちは過去のなじみ深い、効果的でないパターンを繰り返し、最終的にネガティブな結果を生んでしまいます。ストローク（存在認知の1単位）が足りないと感じたときに私たちは、「無力な人（犠牲者）」、「世話焼き（救助者）」、「ハラスメント（迫害者）」のなかから自分のお気に入りの役割を選び、ゲームになだれ込んでしまいます。その役割は人間関係

122　**4**章　パースペクティブ（視点）〜ワークの見方

についての無意識の考えを反映したもので、これまでと同じようなパターンかつ、相手にもその人特有の役割を見いだして関わろうとします。

これはスーパービジョンにおいてどのような意味を持つのでしょうか？ スーパーバイザーは自分がゲームに入りそうになる「引き金」や、ゲームに誘われたときのかすかな身体的サインに気づく方法を学ぶことができます。例えば、「それを解決するために、私はどんな手助けができますか？」と救助者の立場からの申し出をしたり、「あなたがやればいいのに」という迫害者としての思考パターンであったり、「もう何と言っていいのか、まったくわかりません！」と犠牲者の立場をクライアントと張り合うカタチで始まったりするような、巧妙かつ不適切な自分のやりとりにも気づくことができるでしょう。

それがゲームであるかどうかを見分けたい場合、例えば、献身的な救助者から無力な犠牲者に切り替わり、突然「自分はこの仕事にまったく不向きだ」と感じてしまったり、または、絶望した犠牲者から迫害者に切り替わり、「もっと助けてくれると思ったのに！」と言い出したり、といったように役割の切り替えが起こることがゲームの特徴と言えます。

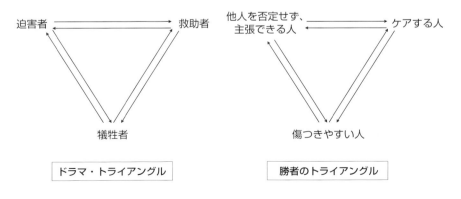

図 4.3 ドラマ・トライアングルと勝者のトライアングル

ゲームに陥っていることに気づいたら、そこから生産的なやりとりに戻るための
いくつかの方法があります。

　1つ目は、「今、何が起こっていましたか?」と問いかけ、ゲームについてスー
パーバイザーとスーパーバイジーの双方で認識し、学びのために使用すること。
2つ目はコントラクトに立ち返り、どのように行動を変化させないといけないのか、
お互いにどのような認識の変化が必要なのかを見極めること。3つ目は、素晴
らしい「勝者のトライアングル」に移行することです。図 4.3 に示すように「救
助者」から「ケアする人」に、「迫害者」から「他者を否定せず、主張できる人」
に、「犠牲者」から「傷つきやすい人」に切り替えるのです。

　ゲームから偽りのない正直なやりとりに移行するヒントは、ゲームの役割の背
後にある真実に気づくことです。その真実とは、すべての人は解決法のわから
ない現実的な問題を抱えているということ、そしてすべての人は他の人々の幸せ
を心から願っているということ、目の前の人から課題を取り上げることなくサポー
トできるということ。最後は他者が何をするか、あるいはしないかについて、押
しつけがましくなることも他者を責めることもなく適切に説得できるということで
す。

自分のストーリーをアップデートする

　スーパーバイザーとスーパーバイジーは個人的な物語の書き換え、あるいは
再決断のプロセスという共同創造のプロセスを一緒に行います。ゲームに陥った
とき、私たちは常に幼少期に決断した「自分は何者であるか」、「どうすれば自
分が OK であるか」などを強化する言動をします。これらの決断は「世界とは
どのようなものであるか」に対する思い込み（信念）とともに培われたもので、
その人自身のストーリー、もしくは人生脚本（幼少期に行った人生の意味づけ）
を形づくります。そしてその決断のなかには、私たちの人生を制限するものだけ

でなく、有害なものも含まれているかもしれません。

「制限となる思い込みにとらわれているときはいつもゲームをしている」ということに気づき、これまでとは違う行動や OK-OK なやりとりを意識して行うことで、自分自身のストーリーをより健全なものへと書き換えていきます。

幼少期の決断がそうであったのと同じく、こうした書き換えも人間関係のなかで行われます。単独ではなく、パートナーシップのなかで成し遂げられるのです。そして、相手のストーリーに着目することで、自分自身の制限となるストーリーもアップデートされるかもしれません。

このプロセスについては 6 章でさらに取り上げます。6 章では、人生脚本と個人のストーリーが私たちの学習にどのような影響を及ぼすのかを考察します。

トライアングルのパースペクティブ

サポーティブ・パースペクティブ

スーパーバイザーとスーパーバイジーがポジティブな関係性へ近づくために、スーパーバイザーのスタイル、スーパーバイジーの経験値や必要とされる瞬間によってパースペクティブがどう変化するかについて考えてみましょう。

「ものごとの見方」は、私たちがスーパービジョンをどのように捉えるか、そして、たくさんある要因のどれを優先するかによって変わってきます。そのため、基準とするセッションの進め方やフレームワークも、この「見方」によって異なるのです。この点については、次章でさらに深く掘り下げます。

スーパービジョンとは教育ですから、私たちは、特にヒューマニスティックスタイルや、テクノロジカルスタイル、あるいはコンストラクティブスタイルといった成人教育に関するさまざまな見解やフィロソフィーを活用することができます（206ページ「Tomoko's Voice」参照）。

はじめに、新人コーチやトレーニング中のコーチについて考えてみましょう。

ホリスティック（全人的）な成長を強調するヒューマニスティックなスタイルは、スーパーバイジーに気づきを提供するスーパーバイザーと、プロフェッショナルとしての人間的成長を促すサポーティブな仲間たちの関わりという機能が重要です。

実践者たちが実力をつける過程では、発達の各段階が強く意識され、同時にスーパービジョンもそれぞれの段階に応じて適切な働きかけを行うように調整されます。コミュニティーや組織的なパースペクティブは低く、フォーカスは個人です。

ここでのスーパーバイザーの役割は「養育的」です：スーパーバイジーはどんな人で、どのポジションにいるでしょう。また、何を求めているでしょうか。

スーパービジョンのいくつかのモデルが、トレーニング中のコーチの発達の段階を説明しています。

まずはスキルを獲得し、その使い方を学ぶ段階があります。この段階では、新米の実践者であるコーチ自身がフォーカスされます。ワークはまだぎこちなく、友人や一緒に学んでいる人々と練習を積み重ねる段階です。

コーチの習熟度が深まると、フォーカスはそのクライアントに移ってきます。「クライアントのニーズは何であり、コーチはどのようにそのニーズを満たすのか？」が焦点になってくるのです。この段階では、コーチは「実在の」クライアントとワークを行っており、スーパービジョンでの自分自身の進展に注意が向きます。

次のフォーカスは「関係性」です。スーパーバイザーとスーパーバイジーの間で何が起こったのか？ そしてクライアントのアウトカムにどのように関連するのか？ が問われます。

コンピテンシー・カーブ（能力曲線）

新人コーチをサポートするうえで非常に有効なモデルは、コンピテンシー・カーブ（図 4.4）です。ジュリー・ヘイ（Julie Hay）によって開発されたもので、私たちが新しい何かを習熟するとき、すべての人が通る段階を基本にしています。

これは幼児の健全な発達に必要な条件の理論から導かれており、養育者がニーズを知るためにも有益な真の発達モデルと言えます。

このモデルは、私たちが一生を通じて意識的／無意識的に限らず、発達のどこかの段階で過去に不十分だった場合には、新たにやり直すことができるという楽観的なものです。

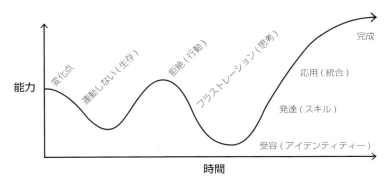

図 4.4 コンピテンシー・カーブ

この曲線は、何らかの変化に直面したときに、私たちがどのようなパターンをたどるかを示しています（そのため「変化曲線」や「移行曲線」と呼ばれることもあります）。私たちが何かを新しく教えようとするときにも同じような道筋をたどるので、ここで示される段階は直感的に理解し共感できるものでしょう。読み進める前に、最近のあなた自身の変化について思い出してみてください。例えば、新しく始めた仕事や取り組み、活動する場所の変化などです。

変化が始まるとき、私たちはショックと言えるほどの感覚を得ます。一体何をすればいいのかわからず、しばらくの間は能力が（おそらくエネルギーも）低下するでしょう。そして、そのうちにこれまで学んだことや過去の成功体験を思い出し、それによって私たちのエネルギーは上昇し自信を取り戻すのです。

しかし、遅かれ早かれ（ほとんどの場合はすぐに）、うまくいかない状態や対処できない状況にぶつかります。なんとかしなければと思っても、どうしていいのかわからずイライラが募ります。それは「イライラの渦」に巻き込まれるイメージです。

スーパービジョンが意味すること

この「イライラの渦に巻き込まれた」ポイントで、スーパービジョンが重要な意味を持ちます。なぜなら、スーパーバイザーはコーチの代わりになって考えるのではなく、より広い視点からコーチの行き詰まりをサポートできるからです。コーチはコーチングにおける自分のやり方を見つけ出し、自分自身のコーチとしてのアイデンティティーを確立し、より良いやり方を高めることに集中できるのです。

私たちは、これらのステージを段階を追って通過する必要があります。逆説的ではありますが、トレーニングがあまりにも順調に進み過ぎて「教わったとおり」にやろうともがき苦しむよりは、「アイデンティティー」段階を通過し、「発達」することにエネルギーを注ぐほうがいいのです（たとえそれが心地よくなくても、です。あるコーチはセッション中に次のように言いました。「頭のなかでコーチング・ポリスのダメ出しが聞こえるのです」。その声は、何をすべきかを告げる彼女自身の声なのです）。

落ち込むことで、そこから自分らしい新しいアイデンティティーを築き始めることができます。さらなる発達と新しい考え方がコーチとしての能力を向上させ、

自律した影響力のある最高のコーチになるためのステップになります。

　同時に、コーチの学びのプロセスをサポートしているスーパーバイザーは、新たなスーパーバイザーとしての自分を体験するかもしれません。スーパービジョンの新たな局面に今までとは異なった対応をするために、スーパーバイザー自身がサポートを必要とすることもあるでしょう。

　コーチング初心者のときにだけスーパービジョンでサポートが必要なわけではありません。誰もが困難に遭遇し、「もう無理だ」と感じ、行き詰まることや燃え尽きそうになることや、あるいは許される環境下なら愚痴を言いたくなるときもあるでしょう。そんな時にもコンピテンシー・カーブは、問題の性質を見極め、その解決のためにスーパーバイジーが何を必要としているかを知る有効なツールとなります。例えば以下のようなことです。

　　　　コーチは途方に暮れて苦しんでいるのか？

　　　　多くの情報を得ることを拒否しているのか？

　　　　明確に考えることができなくなっているのか？

　　　　ワークを新たな方向に推し進めているのか？

　　　　受け入れられているという実感を求めているのか？

　　　　探求のための時間を求めているのか？

　　　　共に考えてもらうのか、それとももう一度考え直すのか？

　　　　新たな成長を励ますのか、それとも個性として受け入れるのか？

ドラマ・トライアングルを使う

　もう1つ、スーパーバイザーにとって思考のフレームワークとして非常に有効なツールが、図4.3（123ページ）のドラマ・トライアングルです。

　自分の行き詰まっている状況について話しているスーパーバイジー自身が、「問題を解決する責任がある」と感じている、あるいは「クライアントを助けられない」

と絶望している言葉に、クライアントを「救助」しようという傾向を見いだすかもしれません。

　その傾向に気づくには、ごくわずかな危機感や義務感あるいは、スーパーバイジーに解決や説明を提案するなかの「〜のためにする」という一言に注意を払う必要があります。これはまさに同じようなプロセスがスーパーバイジーとクライアントの間でも起こっているであろうパラレル・プロセスなのです。ここで私たちは、スーパーバイジーにこの状況を（直接的に）考えることを勧める以外に、スーパーバイジーのスーパーバイザーへの反応をパラレル・プロセスが起こっていることを認識するきっかけとして使うことができます。

　「ゲームへの誘い」はひじょうに繊細でわかりにくいものです。スーパーバイジーが新人、ベテランのどちらであっても、彼らはしばしばスーパーバイザーに次のようにたずねます。「あなただったらどうしますか？」、「こうした状況であなたがどうするのかを知りたいのです」。この問いかけこそがゲームへの誘いなのです。

　ゲームの結末では双方が不快さを感じるか、あるいはシンプルに何かがおかしいと感じます。この感覚はとても価値あるものです。なぜなら、それはあなたがゲームの役割にハマってしまったことを知らせるだけでなく、その感覚を認識したことでゲームから脱出できることを意味するからです。

　スーパーバイジーがスーパービジョンに持ち込んでくる数々のクライアントのテーマが似通っていて「以前も同じだった」と感じたら、同じパターンを繰り返していることに気づけるかもしれません。

　重要なポイントは、サポート・コーナーがたやすく救助や親的立場に変わってしまうということです。これは特に、スーパーバイジーがチャイルド（C）の欲求や恐れを抱いている場合はなおさらです。私たちは真のサポートとゲーム的な救助者との間で明確なバランスを保つことができますが、そのためには注意深い対話が求められるでしょう。

人間性を重視する価値観を持って、スーパーバイザーとして情緒的なサポートを提供することを優先している場合に、あなたはどうやって自分自身の「OK」さと気づきをキープするのでしょうか？ パラレル・プロセスに注意深くあることは重要です。 その点についても後ほど検討します。

Tomoko's Voice

本書では「後で検討します」といった表現がたびたび出てきます。「なぜ今ではなく、後で検討するのか」と疑問に思うかもしれませんが、スーパービジョンという作業・行為自体が、1つ完成させてから次に移るというプロセスではなく、スーパービジョンのトライアングルの3点にタイミングよく関わりながらホリスティックに育てていくという考え方だからです。
　3本脚の丸椅子をまっすぐ立たせるためには、脚を1本ずつ仕上げるのではなく、3本の脚をそれぞれ少しずつ削ったり、磨いたりしてバランスを取っていきますよね。それと同じようなイメージです。

マネジメント・パースペクティブ

　スーパーバイザーの多くが、スーパーバイジーの観察可能な変化を重視します。 マネジメント・パースペクティブにおけるアプローチで重点がおかれているのは、行動とスキルです。 この2つは能力、課題、標準などで明確に構造化されています。具体的には、クライアントの保護、関係者全員の倫理観、スーパーバイジーが専門家として求められる水準に適合しているかといったことに注意して見ていきます。 このパースペクティブでは、安定した土台をもった、いわゆる「職人」的モデルを目指す傾向があります。 コーチ（スーパーバイジー）は、「CLEAR・明瞭」や「GROW・成長」などのモデルをよく知っており、スーパービジョンでも同じようなモデルが用いられることを期待するかもしれません。 確かにこれら

のフレームワークは、基本的な枠組みを提供してくれます。

　ここでのアプローチで使用するモデルは、他のモデルと比較すれば理論と実践の見解を重要視しない側面がありますが、プロフェッショナルにふさわしいスキルとハイレベルな能力を開発するためには最適な手法です。ここでのスーパーバイザーの役割は、目の前にいるスーパーバイジーが効果的にコーチングをするには何が必要か？　というアセスメントです。「ICF コーチング・コンピテンス」（150 ページ参照）にあるような能力、および基準リストの確認も大切ですが、ここではスーパービジョンのチェックリストも有効でしょう。

例：

　　　◇ Key Issue ははっきりしているか？

　　　◇ コントラクトは十分に遂行されているか？

　　　◇ コーチングを行う際に、その状況とコントラクトはどのようなものであるか？

　　　◇ ワークの妥当性と水準はどのようなものであるか？

　5 章では、スーパービジョン・チェックリストに感情的接点という項目を加えた、オペレーション・モデルとしてのチェックリスト（159 ページ図 5.1）をご紹介しています。このチェックリストはスーパービジョン・トライアングルの 1 つのコーナーである、マネジメント・コーナーの視点として重要なものとなります。また、状況やスーパーバイジーの「今、ここ」でのニーズなどでスーパーバイザーが取り上げるであろう、種々の役割についても記述します。

　その他のアプローチとしては、情報提供、ガイド（指導）すること、コーチング、困難な取り組みへの挑戦などの提供する「メニュー」の一部としてや、通常のスーパービジョンにおける関係性には含まないものの、時と場合に応じたコントラクトもあるかもしれません。

組織文化

コーチの多くは組織で活動しているので、コーチが活動する組織の状況をイメージするためにも、経営と経理の視点を持っておくことは有効であり、必要なことでもあります。

コーチがいくつもの組織で活動している場合、それぞれの組織が異なる文化を持っているでしょうし、そのことは、クライアントに対するコーチのワークに大きな影響を及ぼす可能性があります。そこで、組織を描き出す方法として PAC モデルを用い、異なる視点でメタファーする方法があります。

「ペアレント（P）」は「この場所でのものごとのやり方」に関係しています。
そして……

◇ 自分たちが何者であるかを明確にします

◇ 期待される振る舞いについて、一連の基準とガイドラインを持っています

◇ 組織の伝統と価値を維持します

◇ 報酬と制裁を実行するシステムを備えています

「アダルト（A）」は「手順」に関係しています。
そして……

◇ 組織の振る舞いと権力構造について、合理的根拠を見いだします

◇ 物理的環境を維持します

◇ 受け継いだ知識、スキル、方法論を用います

◇ 計画、生産、研究を担います

「チャイルド（C）」は「組織のキャラクター」の源です。
そして……

◇ 組織文化に感情的表現を与えます

◇ 組織内でどうすれば認めてもらえ、人間関係がうまくいくかを示します

◇ 承認と拒絶、従順さと反抗などの表現の仕方を示します

◇ ペアレントの期待から逸脱し、それを妨害する方法を受け継ぎ使います

　例えば、組織文化として、自由度が高い・制約が多い、ハードワークを好む・好まないなどがあります。私たちは無意識的に、ときには意識的に、手がかりを探して拾い上げます。それらの手がかりは、職場環境のデザイン、服装規定、組織が公的に表明しているメッセージといったオープンなものもありますし、組織内部の会話やボディーランゲージといった微妙なサインなどもあります。

　5章では、イマーゴ・モデルを紹介します。コーチが組織文化を把握し、図示化する方法としてひじょうに有効なもので、コーチ自身のストーリーとクライアントのストーリーに影響を生みます。

　スーパーバイザーであるあなたは、スーパーバイジー（コーチ）の人としての側面に着目し、援助的でヒューマニスティックなアプローチを選ぶかもしれませんし、あるいは専門家としての側面を強化するためにマネジメント的な視点で関わるかもしれません。そしてもうひとつ、このあとご紹介するデベロップメント・パースペクティブという、コーチの専門性に着目する視点があります。コーチの成長と技術の発達を促し、1人ひとりにとってのベストに到達するために、どのようにスーパービジョンを進めればいいのでしょう？

Tomoko's Voice

組織文化については拙著『エリック・バーンの TA 組織論』（西日本出版社刊）を参照ください。グループ・イマーゴやコントラクトについてもくわしくご説明しています。

デベロップメント・パースペクティブ

　先進的な教育におけるフィロソフィーは、学習プロセスにおいてラディカル・アプローチとコ・クリエイティブ・アプローチにとても近い存在です。ここで強調したいことは、スーパービジョンのデベロップメント機能は、スーパーバイジーにとって変化につながる体験を生んだり、同様にスーパーバイザーにとっての変化を生んだりもする機能であるということです。理論から実践（応用）に移すことは、新たな道を切り拓くための1歩です。

　ここでカギとなるモデルは学習サイクルで、人生脚本やストーリーに関係します。これは、私たちの考え方やトレーニングにおいてもとても重要で、6章でも詳細に取り上げています。

　ここではまず、アクションリサーチに絞って考えてみましょう。

スーパービジョンにおいて「アクションリサーチ」はどのような意味を持つのか？

　スーパービジョンのプロセスのなかでは、学びを経験し、吟味し、振り返るという「コルブの経験学習サイクル」（210 ページ図 6.2 参照）に類似した効果的な手法を採用しています。スーパービジョンとは振り返るための体験であり、注意深く吟味したデータの積み重ねとなります。自分自身を振り返ることは、ものごとの進め方を明瞭化することにつながり、それによって次は別の行動ができるかもしれません。そして、その変化の有効性を測定することで、必要に応じてさらなる変化を作りだすことができます。

　ワークでやったことや、変化するために何が必要かなどのデータを保存したりすることは、研究活動の本質です。

　得られた知識はシステムにフィードバックされ、クライアント、組織や専門職としてのコーチングに貢献するものとなります。

　このシステムの価値に気づくことでスーパーバイジーは「学ぶことについて学び

135

続け」ます。関係するすべての人々が、スーパービジョンの新たな手法や洞察を創りだす協力者となります。

コラボレーション——マネジメントとデベロップメントをつなぐもの

スーパービジョン、コーチとクライアントの関係、そしてさらに幅広い状況間でのやりとり（関係性）を見るために有益な、2つのモデルをご紹介します。1つ目がホーキンス & ショウヘット（Hawkins&Shohet）の「セブン・アイ・モデル」、2つ目は私たちが開発した「コンバージェント（収束）・プロセス」です。

セブン・アイ・モデル

図4.5の「セブン・アイ・モデル」の特徴は、その背景、クライアント、コーチ、スーパーバイザーの視点、そこに登場する人たちの間に起こり得る潜在的パラレル・プロセスを全体像として描き出せることです。

本書では、アリステア・ニー（Alistair Nee）によってアレンジされたダイアグラムを使用します。

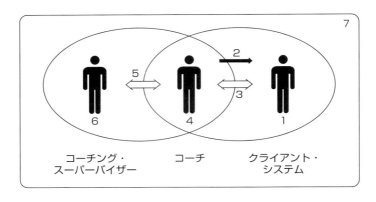

図4.5 セブン・アイ・モデル

図の7つの領域はそれぞれ重要な意味を持っています。

1. クライアント・システム

クライアントの状況に着目します。

クライアントは、コーチングに何の課題を持ってきたのか。

クライアントは「ありのままのデータ」と自分で考えた「選択」、それぞれ
の状況をどのように説明したか。

2. コーチの介入

コーチの使った戦略（ストラテジー）とコーチが実践した介入に着目します。

なぜ、そして、どのようにしてコーチはその戦略や介入方法を選んだのか。

他に何ができたのか。

3. コーチとクライアントの関係性

両者の間のダイナミクスに着目します。

そのダイナミクスは両者のシステムにどのように関連しているか。

両者間の化学反応＝相性はどんなものか。

クライアントはコーチという存在をどのように体験しているのか。

コーチはクライアントという存在をどのように体験しているのか。

これらの質問の答えには、「コーチの認識」というフィルターがかかってい
ます。コーチは何を語っていますか？　そして、語らないことは何でしょうか？

4. コーチ

コーチ自身の体験に着目します。

プロセスのなかで、コーチは（無意識的に）どのような影響を受けている
のか。

コーチは何に刺激を受けているのか、あるいはコーチが（過去から）再刺激されたものは何なのか。

コーチは何をピックアップしたのか。

コーチが持っているリソースは何なのか。それを活用したのか。

他にどのようなリソースが必要なのか。

5. スーパーバイザーとの関係性

コーチとスーパーバイザーの関係性の中身（質）に着目します。

「今、ここ」で何が起こっているのか。

ポジティブあるいはネガティブなパラレル・プロセスは起こっているか。

6. スーパーバイザー自身のプロセス

スーパーバイザーのこの瞬間の内的体験に着目します。

この内的体験はコーチ自身から、あるいはコーチを経由して「持ち込まれた」のか。

コーチとクライアントの関係性を曇らせている原因のどの部分に光をあてたのか。

スーパーバイザーは自分自身の内面的変化やシフトしたことに気づいたのか。また、それらが意味することに気づいたのか。

7. 幅広い背景

幅広い組織的背景に着目します。

利害の衝突、倫理的、組織的問題があるのか。

避けられている何かがあるのか、それはなぜなのか。

これらをマッピングすることで、パラレル・プロセスが視覚化されます。5章では、スーパービジョンにとってのパラレル・プロセスの意味と、グループでの活用法について検討します。

コンバージェント（収束）・プロセス

　図4.6は、パラレル・プロセスの概念を発展させたもので、私たちがコンバージェント・プロセスと呼んでいるものです。スーパービジョンの問題に強い影響を与えている課題をスーパービジョンの現場を通じてフォーカスすることができます。

　この図は一見複雑に見えるかもしれませんが、実際には私たちがスーパービジョンを通じて学んできたことをシンプルにダイアグラムとしてまとめたものに過ぎません。クライアントが活動している状況は、コーチングのなかに「浮かび上がって」きます。そして、そこでの不調和やほころびはスーパービジョンにも持ち込

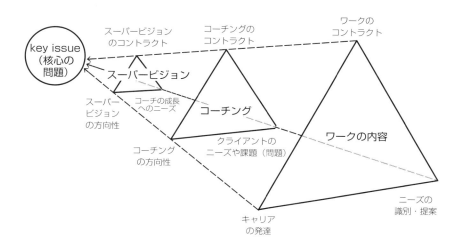

図4.6 コンバージェント・プロセス・ダイアグラム

まれるのです。ですから、「今、起こっていること」を見逃さずに着目することによって、核心となる問題やテーマを識別することとなり、より大きな組織的課題の発見や解決の糸口になるかもしれません。

うまくいっていない場合の典型的な原因がコントラクトの欠如です。それは、それぞれのステージで問題として現れます。

一例を挙げましょう。あるコーチの体験です。最近昇進したクライアントとのワークで、そのクライアントは自分の求める成果や希望する働き方を明確にすることが難しいのか、コーチが何らかの質問や働きかけを行ったとしても、それには応えず、延々と自分の「ストーリーを話して」いたのです。そして、コーチである彼女もスーパーバイザーに対して、延々とその「バックグラウンドについて話す」だけで、彼女自身もスーパービジョンへの要望を伝えられない状態だったのです。

スーパーバイザーがその曖昧さについて彼女に指摘したとき、彼女は自分自身の明確さの欠如がクライアントに同様の欠如をミラーリング（反映）していたことに気づきました。

その後、彼女がクライアントにコントラクトが曖昧だったことについて話し、そこで始めてクライアントである彼は自分の与えられた新しい役割が明確ではないことに気づきました。上司であるマネージャーとの間の組織階層の役割が曖昧であること、そして、新たな業務の進め方へのサポートが足りないと感じていたことを理解したのです。彼にとってその不安は認めたくないものでしたが、この気づきによって彼は、自分に何が必要なのかを明確につかみました。

「コントラクトを結ぶことへの抵抗」というスーパービジョンで生じた出来事は、そこにフォーカスすることによって、クリアに視覚化でき、課題が明確になりました。こうして、幸いなことにクライアントの状態だけでなく、クライアントの彼を取り巻く仕事の状況も明らかになりました。

140　**4**章　パースペクティブ（視点）〜ワークの見方

これとは別のケースとして、あるスーパーバイザーは、セッションが近づくにつれて不快感が強まり、セッション中も絶えず「無力である」という怒りが繰り返し現れ、コーチ（スーパーバイジー）から責め立てられているように感じていました。そこで、表面化した感情と、それによって崩壊した人間関係について検討したところ、組織のなかに根づいていたハラスメントという不健全な文化が明らかになり、これらを認めることで、コーチとクライアントはハラスメントへの新しい対応法に気づくことができたのです。

コンタクト（つながり）を作る

個人のパーソナリティータイプについて、それを分類するさまざまな手法があります。MBTI, 16PF, ベルビンによるチームロールモデルなど、いくつかはご存じかもしれません。

そのなかでも、他の人々とどうつながるのか、そして、異なるパーソナリティータイプの人にどのような戦略を持って関わるがいいのかを理解するモデルとして、「コンタクト・ドア」をご紹介します。このモデルは、コミュニケーションが効果的なときはいつか、またその理由は何かということを判断し、異なる個性に合ったアプローチをするための助けとなるでしょう。

コンタクト・ドアは、「なぜ初めての出会いの印象がとても強いのか」ということの理由を教えてくれます。私たちは生存するうえで、感覚器官から入ってくるあらゆるデータをカテゴリー別に分類します。そして、成長し世界についての学びを深めるにつれて、そのカテゴリーも細かく調整され、カテゴリー間の相互参照も進んでいきます。

このカテゴリー分けの不都合な面は、すべての人に共通するのですが、私たちが他の人々を自分の先入観や固定観念で決めつけてしまうという点です。しかしながら、過去の体験に基づく予想や判断をまったく行わなかったとしたら、

私たちは膨大な入力データをうまく処理することができないでしょう。そこで、私たちはほとんどの場合に妥当な判断を下し、適切な方法で人々にアプローチします。

ポール・ウェア（Pawl Ware）は、私たちが他の人々とどのようにコンタクトをとるのかについて調査を行い、その結果、他の人からのアプローチを受ける方法について、私たちそれぞれに特定の好みがあることを示唆しました。他の人々とのコンタクト（つながり）を成功させるために、私たちは相手が最も好む言葉、声のトーン、表情、態度、ジェスチャーを選ぶ必要があるのです。

さらにポールは「思考」、「感情」、「行動」という3つのアプローチについても、人が自分自身であるために適切な順序があることを示唆しています。これは、私たちのなかに連続する3つの「ドア」があるようなものです。適切な順序でドアを開けば、あなたは相手とコンタクトをとることができます。しかし、順番を間違えるとそのドアはピシャリと閉ざされてしまいます。

簡潔に述べるとすれば、私たちは相手とうまくコンタクトをとるために、相手のふだんの言葉づかいや反応の仕方に注意し、相手と同じようなドアからノックすることを選んでいるのです。

◇「コンタクト・ドア」とは、新しい人間関係を築くうえでエネルギーが最も高い部分です。

◇「ターゲット・ドア」とは、スーパービジョンやコーチングにおける変化の入り口となる部分です。

◇「トラップ・ドア」とは、他の人々から自分を守るために使っているドアです。人間関係のなかで、あまりにも早くそのドアをノックされると、相手は防衛スタイルに入り、関係性をつくることが難しくなります。

好ましい順番とは：

「思考」、「感情」、「行動」

「感情」、「思考」、「行動」

「行動」、「思考」、「感情」

「行動」、「感情」、「思考」

のいずれかです（「行動」が 2 番目になることは決してありません）。

図 4.7 の「判断のための四象限」は、コンタクト・ドア（○で囲まれたもの）と「適切な順番」と、「始めるための質問」がまとめられています。図を見ておわかりのように、それぞれのパーソナリティーの違いは「自ら活動を始める（能動的）」、あるいは、「他の人に反応する（受動的）」、「他の人と活動する」、「ひとりで活動する」という好みと関連します。

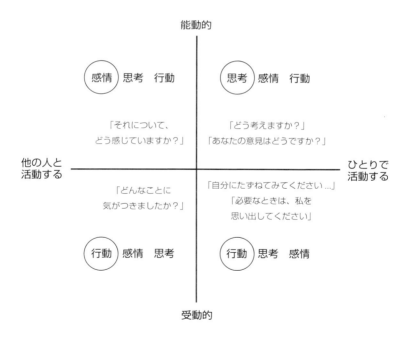

図 4.7 判断のための四象限

スーパーバイジーを理解する

　良いトレーニングのひとつに、挨拶のようなシンプルなやりとりに注意深く耳を傾けることがあります。あなたが誰かに「今日はどうですか?」と声をかけると、それに対して「いい感じです。上手く片付いています」という返事や、「悪くない感じだよ。晴れてくれたらもっといいんだけどね」、「ええ、……まああだと思います」といった言葉が返ってくるかもしれません。

　こうした言葉にコンタクト・ドアへの手がかりが含まれています。

　このまま会話を続けていくと、「今日のセッションで何をするのか、とても興味があるんです」、「調子はどうですか。少し疲れているみたいですよ」、「前回のセッションで話したことについてずっと考えていたんです」といったやりとりで、さらなる手がかりを手に入れました。

　ここで、あなたの直観に従って「思考」、「感情」、「行動」のドアをノックする言葉を使うことができます。

　思考のドアをノックする言葉：思考の言語

　　「どんなアイデアがありますか?」

　　「それについて考えていることを話してもらえますか?」

　感情のドアをノックする言葉：感情の言語

　　「そのとき、どんな反応が起こりましたか?」

　　「以前にも同じように感じましたか?」

　行動のドアをノックする言葉：行動の言語

　　「何があったのですか?」

　　「あなただったら、次はどうしますか?」

ノックするドアがはっきりしない場合は、いくつかの言葉を組み合わせて、どこに反応があるかを観察してください。多くの場合、その違いは明らかです。

適切なコンタクト・ドアからアプローチし、相手とのつながりをしっかりと確立すると、相手は自分自身や状況に対しての「思考」や「感情」を変える準備を整えることができます。

さらに、こうした好みがスーパービジョン・トライアングルとどう関連するかについて考えてみてください。おそらく、「思考」の人はデベロップメント・コーナーに関心を示し、「感情」の人はサポート・コーナー、「行動」の人はマネジメント・コーナーに引き寄せられるでしょう。これについて、あなた自身はどう考えますか？　あるいは、どう感じるでしょうか？

あなた自身はどうアプローチされるのが好みか考えてみましょう。スーパーバイジーとの好みの違いがありますか？　あるいは、同僚との違いはどうでしょうか？

「ある組織で、私に仕事を任せてくれた人を思い出します。彼女と私はとてもうまくいっていました。仕事のプランとスケジューリングに取りかかるとき、私たちはまずコーヒーを飲んで、お互いの近況について話すところから始めていました。こうしたやりとりの後で、私たちは効率的かつ、うまく仕事を進めていったのです。次の担当者は彼女とはまったく違うタイプの人でした。席についた途端に仕事が始まり、私は『コーヒーはどこかな？』と考える暇もありませんでした。私は『次のミーティングでは早めに到着して、まずは他の同僚とコーヒーを飲もう』と心に決めました！」

あなたのアプローチを選び取ろう

ここまでをまとめると、スーパーバイザーはスーパーバイジーとのセッションにおいて、自分自身の居場所を見つけ、学んできたことや自分で工夫してきたフレー

ムワークやモデルを選びます。

　本書ではこれまで、スーパービジョン・トライアングル、スーパービジョンにおけるコントラクト、倫理と境界といった事柄を取り扱ってきました。それに加えてこの章では、スーパーバイザーやスーパーバイジー（コーチ）としての独自のアイデンティティーの基礎となるパースペクティブ、フレームワーク、理論とフィロソフィーというテーマを検討してきました。

　次章では、こうしたすべてのパースペクティブを個人、グループ、チームとのスーパービジョンにどのように組み込んでいくのかを見ていきます。

　もちろん、選ぶのはあなたです。つまり仕事を進めるにあたり、あなた自身の特有のやり方を持っているかもしれませんし、そのときの状況や、コーチの経験や内容に合わせてアプローチを変化させることもあるかもしれません。

　スーパーバイザーとしての自分自身のアイデンティティーの発達について振り返るうえで、図 4.8 のダイアグラムが役に立つでしょう。

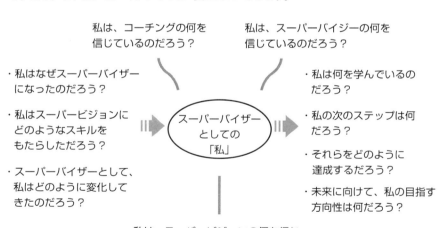

図 4.8 自己の気づきのフレームワーク

Notes and Resources

◆ ペトリューシカ・クラークソンが開発したスーパービジョンチェックリストでは以下の内容が含まれています:

○ コントラクトは満たされる（叶えられる）

○ Key Issue を明らかにする

○ 危害をもたらす可能性を減らす

○ プロフェッショナルとしての発達を促進する

○ ポジティブなプロセスをモデリングする

○ 平等な関係性

マルコ・マゼッティ（Marco Mazzetti）はこのリストを検討し、効果的なスーパービジョンの本質的要素としての「感情的つながり（コンタクト）」を付け加えました。次章では、この点をさらに検討します。

◆ 古典となった "Supervision in the Helping Professions" の第 1 版で、ホーキンスとショウヘットは、スーパービジョンのプロセスで気をつける必要があるさまざまな領域を示すダブル・マトリックスモデルを提唱しています。そして、彼らは重要となる状況や環境という要素を取り入れ、新たにセブン・アイ・モデルを開発しました。本書でご紹介したダイアグラムはアリステア・ニー によるバージョンで、それぞれの要素を水平に並べたものです。これによって、ワークにおけるそれぞれの要素の平等性と相互尊重を強調しています。

◆ TA 心理学の概要については、数多くの良質な書籍が出版されています。最近のものでは、フィル・ラプワースとシャーロット・シルズ（Phil Lapworth & Charlotte Sills）による、"An Introduction to Transactional Analysis" が挙げられます。この

本は関係性という視点から書かれており、それぞれの章でコーチング・ケーススタディを取り上げています。本章でご紹介した TA 関連の記事は、Sage 社の "Complete Handbook of Coaching" という書籍のコーチングと TA について書かれた章から引用しています。

◆ ポール・ウェアが提唱した「コンタクト・ドア」の概念は、後に人格適応論モデルに取り入れられました。ウェアとテイビー・ケイラー（Taibi Kahler）の業績をベースにして書き上げられたヴァン・ジョインズ（Vann Joines）とイアン・スチュワート（Ian Stewart）による書籍 "Personality Adaptations（人格適応論）" のなかで詳細に取り上げられました。もし、あなたがトレーナーやスーパーバイザーとして何らかのグループに関わっているとしたら、さらなる情報として "Tactics"（Napper&Newton 著）のセクション 6,7 のモデルが役に立つでしょう。

◆ 幼児期から老年期にいたる人間の発達段階には、いくつかの心理的モデルが存在し、なかでも最もよく知られているのがエリクソン（Erikoson）の発達モデルです。また、ジュリー・ヘイのコンピテンシー・カーブは、発達段階に関するパム・レヴィン（Pam Levin）の研究に由来します。パム・レヴィンのモデルのすばらしい点は、発達段階の周期的性質を前提としているところです。私たちは人生を通じて、発達の段階を何度か繰り返します。そのため、幼少期や思春期に発達が不十分であったり困難だったりした段階があっても、生涯それを「やり直す」ことができます。それぞれの発達段階には、達成すべき「課題」があり、その達成をサポートする言葉（アファメーション）が存在します。もともと、このモデルは以下のような分野で活用するために開発されました。

　　○ 育児　　　　　○ 学校教育
　　○ 成人教育　　　○ 組織内外の人材育成管理

さらなる情報は "Tactics" セクション 2,11 をご覧ください。

Tomoko's Voice

自我状態の発達と修復をサポートするメッセージ集【TA ハッピーカード】（あべとも
こ創案）も参考になります。
TA ハッピーカード研究所（http://www.pro-con.jp/happy.html）

◆ ドラマ・トライアングルは 1968 年、スティーブ・カープマン（Steve Karpman）によっ
て、さまざまな物語（童話、民話、ギリシャ神話、小説）や映画を分析した結果に
基づく論文として発表されました。これらの物語のすべてに、迫害者、救助者、犠
牲者の役割が存在し、その役割のスイッチによってストーリーが展開します（ジェイム
ズ・ボンドのどの映画でも見られるように、窮地に陥った主人公がピンチを切り抜け
るシーンを考えてみてください）。その後、エイシー・チョイ（Acey Choy）が、それ
ぞれの役割に OK となる要素を配置したポジティブなバージョンで勝者のトライアン
グル（winners' triangle）を提案しました。勝者のトライアングルにとどまるには、体
験のなかで、実際に起こっている事柄を認識することと、変化をもたらすサポートの
存在を認識することが必要となります。

References

Choy, A. 1990, The Winners' Triangle. Transactional Analysis Journal 20(1)

Clarkson, P. 1992, Transactional Analysis Psychotherapy: an integrated approach.
London: Routledge

Hawkins, P. & Shohet, R. 2006, Supervision in the Helping Professions. Maidenhead: Open University Press (originally published 1989)

Hay, J. 2007, Reflective Practice and Supervision for Coaches. Open University Press
ICF Competencies for Coaches, www.coachfederation.org

Joines, V. & Stewart, I. 2002, Personality Adaptations: a new guide to human understanding in psychotherapy and counselling. Nottingham: Lifespace

Karpman, S. 1968, Fairytales and script drama analysis. Transactional Analysis Bulletin, 7(26)

Lapworth, P. & Sills, C. 201 I, An Introduction to Transactional Analysis. London: Sage

Levin, P. 1982, The Cycle of Development. TAJ 12:2

Mazzetti, M. 2007, Supervision in Transactional Analysis: an operational model. TAJ 37:3

Napper, R. & Newton, T. 2000, TACTICS for Adult Learning. Ipswich: TA Resources

Newton, T. & Napper, R. 2009, Transactional Analysis and Coaching. The Complete Handbook of Coaching. London: Sage

Ware, P. 1983, Personality Adaptations (Doors to Therapy). TAJ 13:1

5章

PRACTICE

実践　〜実際のところ、何をするのか

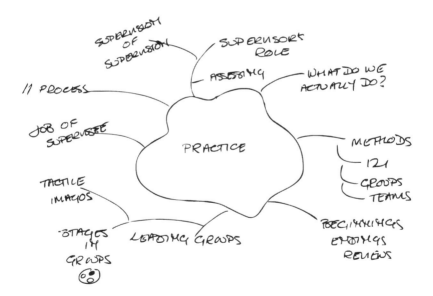

これは、比較的経験の浅いコーチとの初めてのスーパービジョンで
起こったことです。

　セッションが終わる5分前、彼女はこう言い出しました。

「ところで、仕事でちょっとした成果があったので、それをお伝えしな
きゃと思って。ある組織で新しい仕事を任されることになったのです！
私はコンサルタントとして、人事部のトップと、セールスチームの7
人のメンバーに来週からコーチングをすることになったのです」

「ワオ！　それはきっとコントラクトを整理するのが大変だったでしょ
うね。スリーコーナード・コントラクトはどう進められたのですか？」

　と私がたずねたところ、彼女は答えました。

「それって何？」

　それを聞いたときのなんとも言えない落胆を、私は今でも覚えてい
ます！

　……あなたならどうしますか？

　この事例のつまずきを見つけるために、別のいくつかの観点から見てみようと
思います。例えば、この出来事の本質は、マネジメント、サポート、デベロップ
メントのとの課題でしょうか？　何か倫理上の問題があったでしょうか？　コント
ラクトは何だったのでしょうか？　あなただったら何から着手したでしょうか？　コー
チ自身が、スーパービジョンに何を持ってくるのか気づくためにあなたなら何をし
ますか？

　この事例のように、終了予定時間5分前にとても重要なことを話しだすような、
「ドアノブ問題」とか「ところで先生」といった名前で知られている出来事に、
あなたはどのように対処しますか？

152　**5章**　実践〜実際のところ、何をするのか

スーパービジョンの進め方

　スーパービジョンは1対1で行われる場合もあれば、4～6名のグループで行われる場合も多くあります。

　スーパービジョンの費用をスーパーバイジー個人が負担するのか、組織内の活動として組織が負担するのか、また、スーパービジョンを1対1で行うか、あるいはグループで行うかを決定する際に、スーパーバイザーとスーパーバイジーの双方が考慮すべきいくつかのポイントがあります。

　あなたの状況と一致するもの、しないものもあるかもしれませんが、ここからの説明を読み進めていくなかで、特にスーパーバイザーとスーパーバイジー間のコントラクトにおける事務的管理や、スーパーバイジーの教育と経験のレベルを見極める必要性といった、考慮すべきポイントがより明確になるはずです。「例外なし（＝特別扱いはない）」、これが合言葉となります！

1対1のスーパービジョン

　1対1のスーパービジョンは、多忙なコーチやベテランのコーチが選択することの多い方法です。彼らは自分の複数のクライアントに関する具体的問題を探求することや、すでに良好な状態にある自らのコーチとしてのアイデンティティーを違った視点から検討する時間が欲しいようです。おそらく、スーパービジョン・トライアングルの特定の領域でのより高いレベルのインプットを求めているのでしょう。1対1のスーパービジョンにおける関係性のなかで、お互いをより高いレベルでさらけ出すことは、スーパーバイザーとスーパーバイジーの双方にとって大きな実りをもたらします。しかし、定められた時間内のすべてを濃厚なやりとりで休みなしで続行するのは、少々無理があるかもしれません。

スーパービジョンは対面で行うことが理想ですが、電話や Skype が使われることもしばしばです。しかしながら、スーパーバイザーとスーパーバイジーの活動拠点が離れていたり、国が違っていたりしても、電話や Skype セッションの合間に、不定期であっても対面のミーティングを取り入れるほうがより良い結果が得られるでしょう。

スーパービジョンを始めるにあたって

スーパービジョンにおいてコントラクトとは、自由で安全な人間関係を促進し、それを保持するための枠組みです。スーパーバイザーとスーパーバイジーは、初回のセッションでは「どのように進めるか」の全体像を決めます。具体的には、当日のアジェンダに同意してセッション全体のコントラクトについて確認することから毎回始めるかどうか、といった内容です。その後に決める1つひとつのワークのコントラクトについては、手に入れる答えがクリアになるようシンプルに締結します。例えば、「このワークから何を得たいですか?」という質問への答えがそのままコントラクトになります。

「大げさだ」、もしくは「クライアントを過度に操作するものだ」と言って、クライアントとのコントラクト締結にスーパーバイジーが抵抗を示すことは珍しくありません。しかしながら、適切なコントラクトが存在しない関わりは、コーチとクライアントの単なるおしゃべりに陥るといった危険性があります。もしあなたがどこかにたどり着きたいと願うのであれば、向かう先を知っておく必要があるのです。スーパーバイザーとして、私たちが適切なコントラクトを締結したり、そのコントラクトを締結し直したりすることで、スーパーバイジーのよき模範(モデル)となる必要があります。だからと言って、これは、コントラクトを厳密で融通の利かないものにするという意味ではありません。現実はこれとはまったく逆です。適切なコントラクトは、ものごとの意味づけや理解が明らかになるといった変化

を生みます。スーパーバイザーは「このやり方で（あなたの抱えている）課題がクリアになりますか？」「今、あなたの理解はどのくらい進んでいますか？」という問いかけで適切なコントラクトかどうかを確認することができるのです。

　コントラクトの締結がスムーズかつシンプルになり、それを見直し維持し続けることが当たり前の感覚になると、スーパーバイジーは、コントラクトを締結することこそがクライアントに対する本当の仕事であることに気づきます。

　以下の５点についてスーパーバイジーが納得することで、その後は言うまでもなく、コントラクティング（コントラクトを締結すること）の必要性や重要性についての理解が深まります。

　　①コントラクティングとは、スーパーバイジー（またはクライアント）が真に求めているものは何かということを明確にするプロセスである。

　　②コントラクティングとは、スーパーバイジー（またはクライアント）が求めていたものを得たというエビデンス（証拠）は何かを決めることである。

　　③コントラクティングがクライアントの成果を達成する助けとなる。

　　④コントラクティングは、クライアントが求めていた支援は一体何だったのかを明確にし、クライアントの次へのステップとなる。

　　⑤コントラクティングは、周囲の人間が良かれと思ってしそうな忠告やアドバイスに振り回されずに、スーパーバイジー（またはクライアント）が自らを深く振り返り、問題をより明確にする助けとなる。

　スーパーバイザーも、スーパービジョンの最中に幾度となく「コントラクトは何だっただろうか？」と自分自身に問いかけます。それは、スーパーバイジーが持ち込んだ課題を無駄に深追いするのをやめ、スーパービジョンの開始時に戻るための問いかけなのです。そして通常はそれが、目指しているゴールなのです！

セッション（ワーク）の流れ

多くの場合、以下のような流れでセッションを展開していきます：

◇ 今日のセッションにスーパーバイジーは何を持ってきたのか？

◇ 重要度の順番は？

◇ 成果という点で私たちが目指すのは何か？

◇ スーパーバイジーが特に求めているのは何か？

この時点で、スーパーバイザーは次のように自問自答するかもしれません：

○ これまでに聞いた事象と共通点があるか？

○ それについて、以前も聞いたことがあったか？

それに続いて：

○ 私たちのどちらかが、何らかのパターンに気づいているか？

あるいは、次のように切り出すかもしれません：

○ 話を聞きながら、私が体験していることはなんだろう？（気づきや発見）

○ 自分の経験や感じ方を分かち合いながら、私はありのまま（率直さ）を保っているだろうか？

○ パラレル・プロセスが働いていないだろうか？

○ 個人的事情が専門領域（仕事）に影響を及ぼしてないだろうか？
もしそうであれば、その問題を、ここで取り扱うことができるのか？
あるいは、スーパーバイジー自身が他の場所や方法でそれを処理する必要がある事象なのか？

続きは以下のように展開するでしょう：

◇ これまでのスーパービジョンでわかった内容が、スーパーバイジーが行っているワークの内容にどう関連しているのだろうか？

◇ スーパーバイジーは、何か「別のこと」をしようとしているのか？

◇ スーパーバイジーは、その「別のこと」の影響や価値をどう評価しているのか？

◇ スーパーバイジーは、このセッションについてどのように感じているのか？　何を学んだのか？

◇ スーパーバイジーは、自分自身のことをどう感じているのか？

　さらに追加するなら、長期的な視点に立って、なおかつ全体像の一部として、スーパーバイザーは自分自身に次のようにたずねるべきでしょう：

◇ スーパーバイジーは、学び、成長しているか？

　○ 能力的に

　○ 自信の面で

　○ 自己への気づきの面で（セルフ・スーパービジョン）

◇ スーパーバイジーは、自分にどのような変化が起こっているか気づいているか？

◇ スーパーバイザーとして、この瞬間スーパーバイジーがどのように自己認識しているか（「行動」へのストロークが少なく、「存在」へのストロークが多いなど）を見極められているか？

◇ スーパーバイジーはコーチとしてのアイデンティティーを成長させているか？

◇「OK感」はあるか？　もし、自分の居心地が悪いとしたら、それはなぜ？

クライアント・リストのレビュー

　スーパーバイジーが関わっているクライアント全員のリストを、定期的にレビューすることは役に立ちます：

◇ スーパービジョンでよく注目されているクライアントはだれ？ その理由
は？

◇ スーパービジョンにまったく登場しないクライアントはいるか？ それはなぜ？

そこに何らかのパターンがあるでしょうか？：

◇ 何人かのクライアントは「やりやすい」ため、リフレクションの必要は
特にない。（なぜそうなっているのでしょう？ ……もしかすると、そこに何
らかの好ましくない関係<例：馴れ合いになっているなど>があるかもし
れません）

◇「問題のある」クライアントだけをスーパービジョンに持ち込んでいる。
（成功を喜び、うまくいった事例から学ぶためにスーパービジョンを活用
するという視点が欠落しているかもしれません）

◇ スーパーバイジーが、1対1、およびチームやグループの両方で仕事をし
ている場合、すべてのワークをもってきているか。そのなかのいくつかだ
けか？

◇ スーパーバイジーがスーパービジョンに持ち込むべき案件について、スー
パーバイザーとして何らかの先入観を持っていないか？ スーパーバイ
ザーであるあなた自身のビリーフやそう思わせるような行動によって、コー
チは特定のトピックを取り上げるのはOKでないとか、あるいはそれが危
険であるとさえ感じているようなことはないか？

スーパービジョン・チェックリスト

このチェックリストは、スーパーバイザーが自分自身をスーパービジョンする（セ
ルフ・スーパービジョン）ために効果的なツールです。これらを毎回（すべてのスー
パービジョンにおいて）チェックすることで、スーパービジョンにおける重要な要

素が抜け落ちていないかどうか確認することができます：

◇ コントラクトが全うされたか？

◇ 問題を引き起こした Key Issue を見つけられたか？

◇ あらゆる関係者に十分な保護と安全が提供されたか？

◇ 今回のスーパービジョンで、スーパーバイジーの成長に寄与したか？

◇ セッションにおける関係性が OK-OK であるか？

◇ ポジティブかつ、本来あるべき方法で（スーパービジョンの）モデルとなったか？

　図 5.1 にあるチェックリストはクラークソンが開発したオリジナルを、マルコ・マゼッティがスーパービジョン向けにオペレーション・モデルとして加筆したものです。マゼッティは項目 3 を追加したうえで、全体を再構成しました。

1	明確で適切なコントラクトを確立する
2	Key Issue を明確にする
3	トレーニー（スーパーバイジー）と感情面において効果的なつながりを確立する
4	スーパーバイジーとクライアントの双方に適切な保護があることを確実にする
5	デベロップメント（発展）の道筋を推し進める
6	気づきと、パラレル・プロセスの効果的活用を増やす
7	対等な関係性を確立する

図 5.1 マルコ・マゼッティのスーパービジョン・チェックリスト

これらの7つのポイントは、それぞれ混ざり合ったり、重なり合ったりする部分があります。例えば、「コントラクトの締結自体がワークである」と見なす場合は、その過程でKey Issueが明らかになっていくでしょう。また、感情面において効果的なつながりはパラレル・プロセスへの気づきを促進し、共同作業は、たとえ不均整（シンビオティック）な関係性であっても、互いの発達を促し自律性を高めることができます。

　コーチのためのスーパービジョンは、コーチングについて議論をするだけの場ではなく、スーパービジョンを依頼したコーチをケアする取り組みであり、また同時にそのコーチを通じて彼らのクライアントをケアする取り組みでもあります。スーパービジョンは、コーチとそのクライアントの双方の保護を確実にする最高の手段となるはずです。

　コーチの体験した感情に共感する能力は、スーパーバイザーに必要な一種のスキルです。なぜなら、適切な感情的接触は優れたスーパービジョンの基盤となるからです。

　「感情」はスーパービジョンのひとつの要素です。コーチに効果的な気づきを促すためには、まずコーチの持っている感情に私たちスーパーバイザーが気づき、感情に名前をつけ、理解することが求められます。

　スーパービジョンでの「感情」は、特に自分自身への深い気づきを体験している経験豊かなコーチの場合は、新たな洞察へのきっかけになることがあり、そのような場合、スーパービジョンがセラピー的になることもあります。

　実際にセラピーで対処すべき課題がスーパービジョンによって浮かび上がる場合もあります。例えば、コーチが同じような課題を何度も繰り返しスーパービジョンに持参し、それ自体は理解しているにもかかわらず変化が見られないと思われる場合や、クライアントとのつながりのなかで、コーチが過度に感情的影響を受けている場合などです。

スーパービジョンでの役割の変化

　スーパーバイザーはコーチングだけでなく、カウンセリングやセラピー、マネジメント、コンサルティング、ティーチング、メンタリング、擁護的体験などの幅広い高度な専門的知識を組み合わせて、自分の活動の拠り所としているでしょう。スーパービジョンのなかで、コーチがスーパーバイザーのこうした専門知識、専門的見解、特定の状況からのアドバイスを求めることがあるかもしれませんが、それは適切な場合もありますし、そうでない場合もあります。本当に必要なことなのか、あるいは「私の代わりに考えてください」や「やるべき答えを教えてください！」といった不適切な願いなのかは、スーパーバイザーが見分ける必要があります。

　コーチの経験値や、その時々の要望に応じてスーパーバイザーが取り上げる役割について「コントラクトの流れ」として図 5.2 で説明します。

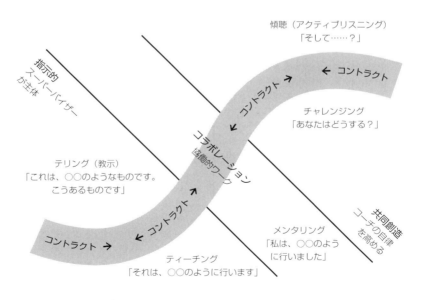

図 5.2 コントラクトの流れ

各テーマの中央にある流れは、コントラクティングを表します。そして、図で示すようにコントラクトに沿って介入の方法が変化します：

伝えること

教えること

メンターとなること

チャレンジすること

サポートし、協働すること

図の左半分に書かれた役割（流れ）は、スーパービジョンにおいて求めに応じたコントラクトで明示されます。その後は、右半分にある協働や相互学習といった領域に進んでいくことになります。

パラレル・プロセスについてのメモ

スーパーバイジーとの関わりのなかで、スーパーバイザーとして「なんとなく奇妙だ」と思う体験や感覚を得たことがあるかもしれません。

それは、不快さや不安として感じられるかもしれませんし、首の硬直や胸の緊張といった身体的な感覚の場合もあります。そして、あなたはそれを「自分の感覚じゃないみたいだ（いつもの自分じゃない。何かが違う）」と説明するかもしれません。

「違う！（何かが変！）」というのがチャンスなのです。

自分自身が他の人々の体験に真にオープンになっているとき、ある不思議な現象が起こります。その体験があたかも自分自身に実際に起こっていると感じ始めるのです。スーパーバイザーであるあなたは、スーパーバイジーの体験、感情、行動を自分のものとし始めていることに気づくでしょう。そして、さらに奇妙なことに、スーパーバイジーの体験さえも、彼ら自身の体験ではないかもしれないのです。もしかするとそれは、スーパーバイジーのクライアントの体験から生

じているかもしれません。そして、クライアントの体験は、その外側にあるより大きな組織が体験していることの一部分かもしれないのです。

この現象は「パラレル・プロセス」として知られています。スーパービジョンで課題として取り扱うパラレル・プロセスは、そのほとんどがネガティブで、関係者全員にとって好ましくないものです。しかし、私たちが作り上げたスーパービジョンのワークと人間関係モデルは、ネガティブからポジティブなパラレル・プロセスへ転換することができます。そして、そのポジティブな要素を、関係する人々や彼らを取り巻く外部のシステムに還元することができるのです。

1950 年代まで、この現象は「リフレクション・プロセス」と呼ばれていました。ここでの「リフレクション」とは、今で言う「振り返って考察する」という意味ではなく、「ミラーリング（反射）」を意味していました。スーパーバイザーがスーパービジョンで体験するこの現象は、その当時はスーパーバイザー自身の無関心もしくは無意識の欲求に関係しているか、クライアントが持つ何らかの問題と関連していると認識されていました。

「クライアント」と「コーチ」の間で生じているプロセスは、しばしば「コーチ」とスーパーバイザーとの間に映し出される。

———— サールズ（Searles）（筆者により「　」内の言葉を変更）——

スーパーバイザーは、「パラレル・プロセスである」、あるいは「そうかもしれない」、「発生しそうである」ということを認識する方法を学べます。そして、それがスーパーバイジーの当面の課題に関係するのかをスーパーバイザーの経験値からたずねてみたり、心の内で注意点として覚えておき、スーパーバイジーがそれに気づくような質問や何らかの介入によって知らせたりできます。

パラレル・プロセスは、スーパービジョンからコーチングへ、コーチングからスーパービジョンへと双方に適用されます。スーパーバイザーはパラレル・プロセスが起こっているという「存在」を明らかにすると同時に、それが何を意味しているのかを明らかにすることができます。また、「ポジティブなパラレル・プロセス」をモデリングすることでスーパーバイジーとクライアント間に役立つものにもなります。

　すなわち、パラレル・プロセスはスーパービジョンにおいて使い勝手のよい題材と言えます。例えばTA心理学であれば、ドラマ・トライアングルのようなツールを使用することで、その動きと意味を見ることができます。

　4章でお伝えしたセブン・アイ・モデルを用いることで、パラレル・プロセスがどのように生じるのかを図解することができます。コーチングでの関係性や、スーパービジョンのセッションにおけるダイナミクスを探るだけでなく、クライアントの状況、コーチとスーパーバイザーそれぞれの間で何らかの潜在的影響力が働いているのかについて考えることができます。

　セルフ・スーパービジョンもしくはリフレクションの実践は、コーチングのなかで生じているクライアントとのパラレル・プロセスを見極めるには十分役立ちます。ジュリー・ヘイはスーパービジョンやコーチングの関係性がうまく進まなくなったときに、その状況を振り返るための以下の質問を編み出しました。この質問から得られる洞察をクライアントと共有し、健全な行動のモデルを示すことで、パラレル・プロセスの裏にある潜在的な意図が明らかになるかもしれません。ジュリー・ヘイの質問は以下のとおりです。

リフレクション時に役立つ質問

◇ スーパーバイジーが行うコーチングにおいて、繰り返されるパターンがあるでしょうか？　何度も何度も繰り返される行動、あるいは、繰り返し生じる

感情や考えがあるでしょうか？——例えば、クライアントが全員同じ課題を
抱えていたり、同じような状況で行き詰まっているかもしれません。

◇ スーパービジョン、もしくはコーチングにおいて、セッションの内容が予測で
きるようになるタイミングがあるでしょうか？　第3者の立場から、次に何が
起きるかを予測できたでしょうか？

◇ 「まただ!」あるいは「どうしていつもこうなるんだ?」という感覚があるでしょ
うか？　その感覚がある相手と関わる際、スーパービジョン・トライアングル
の特定のコーナーからの働きかけが少ないことに気づいているでしょうか？ そ
れは、「マネジメント」、「サポート」、「デベロップメント」のどのコーナーでしょ
うか？

◇ スーパーバイジーに伝えていない何かがあるでしょうか？　スーパーバイジー
に対する質問の仕方や介入をコントロールしていないでしょうか？　同様に、
スーパーバイジーもクライアントに同じような制限を課していないでしょうか？
その結果、クライアントもクライアントの人間関係のなかで同じように振る舞っ
ていないでしょうか？

◇ スーパーバイジーが発言をためらっていると感じるでしょうか？ あなた自身は
どうですか？

◇ うまくいっていない事態が起こっているときのことを思い返してみてください。
あなたが気づいたきっかけ（トリガー）は何ですか？ 誰かの行動、もしくは
発言でしょうか？ それらは関係性のなかで定着してしまっていませんか？

◇ それでは、この先どうなるでしょうか？　何かが変わるまでに、どれくらいの時間がかかるでしょうか？　あなたは、ドラマ・トライアングルの役割を演じていると感じていますか？

◇ ものごとはどのように変化しますか？　そうすると何が起こりますか？　通常、誰が先に動き出しますか？

◇ 結末はどのようになりますか？　そのとき、どのように感じますか？　スーパーバイジーはどう感じていますか？

◇ スーパーバイジーやクライアントが第3者とつくっているパラレル・プロセスを、あなた自身のコミュニケーションの取り方が作りだしているとすれば、あなたには他にどんな方法がありますか？　あなた自身と第3者とのやりとりはどうでしょうか？

◇ ポジティブな反応や建設的な行動のパターンに移行できる枠組みやプロセスを作りだせるでしょうか？

◇ 現時点でパラレル・プロセスの存在を知ることはスーパーバイジーにとって助けとなるでしょうか？　あるいは、ポジティブなプロセスをあなた自身がやり始めるのはどうでしょうか？　自分の判断を宣言するのが今ではないと決めたのであれば、それを明らかにするのはいつですか？

　敏感な読者のみなさんは、パラレル・プロセスの項目でありながら心理ゲーム、もしくはゲームへの誘いについて述べていることにお気づきかもしれません。

ドラマ・トライアングルを活用すれば、何が起こっているのかを効果的に分析できるでしょうし、パラレル・プロセスをポジティブなものに変換するツールとして、勝者のトライアングルをうまく活用することができます。

グループ・スーパービジョン

　参加しているコーチが全員初心者の場合や、コーチングの体験が少ない人たちが集まるグループ・スーパービジョンは、他の参加者の体験を共有するという点で、価値ある学びの場といえるでしょう。なんらかの問題を抱えているときに「私ひとりじゃないんだ！」と気づくことは、とても意義があります。

　学習を支えあい、互いの成長を喜びあえる人々が集まったグループに属することで、コーチの初期段階の成長と自信が高められるでしょう。他のメンバーとの関わりのなかで、ワークの進め方や、グループに持ち込む課題から自分との違いに気づき、それぞれが独自のアイデンティティーを築いていきます。また、グループ・スーパービジョンは収入が限られたコーチにとっても参加しやすいものでしょう。
　それに加え、グループが成長するダイナミクスが体験できるというメリットがあります。そこには1対1のスーパービジョンの関係とは異なったスーパーバイザーの配慮が必要です。
　グループにいるコーチたちはスーパービジョンを体験したことがないかもしれませんし、仮に体験があったとしても、あなたのやり方とは異なっていたかもしれません。ですから、グループ・スーパービジョンのシリーズを始める際は、まずは半日程度のワークショップであなたが用いるいくつかのモデルを「教え」、常に全員が参加するのか？　グループを構成するのは毎回同じメンバーか？　どの程度の頻度で行うか？　などの基本的なコントラクトを締結することから始め

るのが賢明です。

典型的なセッションの流れは次のようになるでしょう：

◇　スーパーバイザーを含む参加者全員のチェックイン

・今の気分は？

・前回のセッションから今日までの間に学んだこと、気がかりなこと、喜ばしいことは何がありましたか？

・今日、取り上げたいことがありますか？（課題は何を持ってきましたか？）

・今日、何を得たいですか？

◇　セッションの進行

・時間配分：短時間、もしくは長時間のスーパービジョン・セッションを行ううえで一定のパターンがあるかもしれませんし、毎回その日のセッションの進め方をグループ全体で決定するかもしれません。

・用いるメソッド：コントラクトのなかで「スーパーバイジーが事前にメソッド（手法）を選択しておく」と取り決めるかもしれませんし、当日にグループの話し合いによって決定するかもしれません。

・取り上げるテーマ：場合によっては、グループ全員が自分のテーマを取り上げてほしいと思っているかもしれません。もしくは、チェックインのときに表出した重要なテーマに的を絞り、そのテーマに関連する1〜2名のスーパービジョンを行うことで、全員にとってより深い学習の機会とすることもできます。

◇　簡潔なチェックアウトの時間（終わりの会）を経て終了します。

グループ・スーパービジョンのメソッド（**手法**）

　ここではグループ・スーパービジョンで使われるいくつかのメソッドをご紹介します。

　これらのメソッドはスーパーバイジーであるコーチが持つ経験と洗練度にかかわらず、ほとんどの場合は適切ですが、グループメンバーの技術的能力と経験をあわせ、感情的知性（EQ）と情緒的安定性を考慮する必要があります。

Tomoko's Voice

自分自身や他者の情動を認識し、自分の感情をコントロールしながら，適切に行動する能力が「感情的知性（Emotional Intelligence Quotient ＝ EQ）」です。

　また、メソッドの選択については以下も参考になるでしょう。

◇ グループ構成が固まっていない初期の段階や、グループの参加メンバーが毎回変わるような場合は、スーパーバイザーはプロセスのコントロールとマネジメントをより意識する必要があります。

◇ グループ構成が確立され、メンバー同士が信頼し合い、それぞれの責任が保たれている場合は、スーパーバイジーが適切なメソッドを選択するのが一般的です。

　リーダーの役割の変化については、181ページにある「グループ・スーパービジョンをリードする」のセクションも参考になるでしょう。

　グループ・スーパービジョンのこれらのメソッドには、プロセスをリード、維持し、そのプロセスとコントラクトを明確に説明する役割の「公式な」スーパーバイザーが1名いることが重要です。

お伝えするいずれのメソッドも、試した後に学びを記憶に深くとどめるために
「プロセス・レビュー」を行うことをおすすめします。

グループ内での1対1のスーパービジョン

　　他の人々が黙って静かに見守るなかで行われる、かなり立ち入ったスーパ
ービジョンです。スーパービジョンの後にプロセス・レビューへと進め、他
の人々はそこでセッションから自身が学んだことについて報告をしたり、セッ
ションの発表者へのフィードバックやストロークを行ったりします。どのメソッ
ドを使ったかに関わらず、事前にグループ内で明確なコントラクトを締結し
ておく必要があります。

サジェッション（提案）サークル

　　まず、1人のスーパーバイジーが自分の課題や悩みをグループに伝えます。
それに対して、グループメンバーのそれぞれが何らかの提案、もしくは質問
を行います。課題や悩みを発したスーパーバイジーは、それらの提案や質
問のなかから1つを選び、それに対して応答を返します。その後、グループ
メンバーのそれぞれが自分の提案や質問にいたるまでの考え、あるいは何
も言わなかった理由をシェアします。

＜注意事項＞　自分の提案や質問が選ばれなかったメンバーが「ディスカウ
ントされた」と感じることを避けるために、取り上げられたあるいは、取り
上げられなかったに関係なく「すべての提案や質問が有益なものである」と
いうことを、グループに対して強調してください。

観察とフィードバックの進め方

　　グループメンバーの観察はある特別なポイントを見る方法と、全体を見る

方法とがあります。例えば、言葉の使い方や言動の不一致、ディスカウントなどを注意するように伝えたり、あるいは、全体に対して気づいた事柄のみを話してもらうように指示したりもできます。

録音されたセッションの再生

自分のコーチングセッションを画像や音声で撮りためていたもののなかから、珍しいもの、興味深いもの、混乱したもの、典型的だったものなどを事前に選んでおき、必要な部分だけ短めに再生します。スーパーバイジーはグループに対して、注目してほしいポイント（質問の仕方、セッションの進め方、重要だと思った箇所など）を伝えておくことができます。もしかしたら、グループメンバーが自分たちの最近の学びに合致するポイントに気づいてくれるかもしれません。

プロセス・レビュー

スーパービジョンの形式がどのようなものであったとしても、プロセス・レビューは必要です。

これは、「プロセスを振り返る時間」です。振り返りとは、プロセスが有効だったか否か、獲得した学び、また、スーパーバイザーが行った質問についてのスーパーバイザーの考えや意図を確認することです。プロセス・レビューは、スーパービジョンの延長線上にあるのではありません！スーパーバイザーはセッションの中身ではなく、そのプロセスを意識し続ける必要があります。

反応のシェアリング

スーパーバイジーがストーリーを語ったあと、グループメンバーは聞いてい

るときに湧き上がった感情、イメージ（情景）、メタファー、感覚などあらゆる事柄をシェアします。これは、現場で起こっているパラレル・プロセスを浮き彫りにするよい方法の1つです。スーパーバイジーの気づきの外側で何が起こっているのか？　クライアントとの行き詰まった状況を聞くことから生じる身体的感覚、イメージ、思い浮かんだ一言をシェアすることで、グループメンバーは（スーパーバイジーとクライアント間の）プロセスがさらによく見えるようになります。過度の負担を避けるため、メンバーはスーパーバイジーに直接話すのではなく、スーパーバイザーに向けてシェアします。

<注意事項>　新しいグループでこれを行うときは、事前にテストしてみたほうがよいでしょう。場合によっては、グループメンバーが否定的な比喩（メタファー）や感情を表したり、大きく動揺するようなことがあるかもしれません。もしこのようなことが起こった場合は、グループ全体でこの個人を「なんとかしなくては」と（救助者的）コーチングに突き進み、なぜそのような「問題」になったのか、わからせようとしてしまうかもしれません。

一時停止ボタン

このメソッドはさまざまな場面で使うことができます。いくつか例を挙げてみましょう。

スーパーバイザーが2人いる場合で、2人がお互いの考えをシェアする必要があるとき、あるいは何かが行き詰まっていると感じたときにどちらか一方が「一時停止」を表明し、課題や疑問をその場で解決します。

グループメンバーの1人がスーパーバイザーを担う際は、経験豊富なリーダーに確認するために「一時停止」することもできます。あるいは、グループ全体の意志としてプロセスの確認や質疑を行うため、「一時停止」が行われることもあるかもしれません。ただし、これは経験豊富なグループに限

られます！　例えばスーパーバイザーのためのピアグループ・スーパービジョン（仲間内でのグループ・スーパービジョン）の場面や、経験豊富なコーチたちの間で自分自身および仲間内でのスーパービジョンをさらに深めるという特別なコントラクトがある場合に、これは特に有効です。

バトン

　まず、あるスーパーバイジーがスーパービジョンで取り上げたい課題について話します。その後、グループ全員がスーパーバイザー役となり、2分ごとにバトンを次の人に回すか、ひらめいた人が自主的に手を上げます。こうして、グループ全員に2分ごとにバトンを回していきます。

　このバリエーションとして、「ダブルス」というやり方で、1人のスーパーバイザーの後ろにもう1人のスーパーバイザーが待機し、2〜3分おきにスーパーバイザーが入れ替わります。スーパーバイザーが常に2人いるというバリエーションです。これは、グループメンバーがすでにスーパーバイザーになっている場合や、スーパーバイザーを目指している場合に有効なやり方となります。

リスニング・イン

　あるスーパーバイジーが自分の状況について話したあと、全員がOK-OKを保つというコントラクトに同意したうえで、グループメンバーが聞いたことについて話し合います。スーパーバイジーは内容に黙って耳を傾けます。グループでの話し合いが終わった時点でスーパーバイジーもグループに加わり、聞いていたなかで何が役に立ったかを報告します。これは「イエス・バット」のゲームを避ける優れた方法です。

　<注意事項>　このメソッドを行うのは、グループがある程度安定していて、

健全な状態である場合に限られます。スーパーバイジーがグループにとって困難な問題やチャレンジングなことを話した場合、グループでディスカッションすると不快な感じやディスカウントされたという感覚に陥るかもしれません。

重要なことは、対話の枠組みやその内容が相手を裁くことではなく、建設的な問いかけにとどまることです。こうした事態を避ける工夫の1つとして、例えば、スーパーバイジーが「不思議なほどうまくいったけれど、それがなぜだかわからない」ワークについて話し、グループメンバーでそれがうまくいった要因を探す手伝いをすることで状況を検証すると、素晴らしいエクササイズとなります。

ロールプレイ

コーチング・セッションで何らかの問題や行き詰まりを感じているメンバーが、そのセッションのクライアント役として振る舞い、別のメンバーがコーチ役となってセッションの状況を再現します。ロールプレイ終了後、クライアント役のメンバーは状況を変化させるため、どのような働きかけが有効だったかを報告します。

マッピング

グループ・スーパービジョンにおいてセブン・アイ・モデルはひじょうに有効なエクササイズとなります。1人のスーパーバイジーが自分の問題について述べ、他のメンバーにスーパービジョンをしてもらいます。そのとき、他のメンバーはセブン・アイ・モデルの7つのエリアの1つに着目し、そこから得られた気づきや観察した内容を報告します。グループは7つのエリア、あるいは、各エリアのつながりにフォーカスしながら討議を進めます。

リレー・スーパービジョン

この手法は経験豊富なグループ、もしくは、全員がスーパーバイザーとしての能力を持ったグループ向けのものです。

あるメンバーがジレンマに陥った問題を持ち込み、グループの他のメンバーからスーパービジョンを受けます。次に先ほどスーパーバイザーになった人がこのワークを伝え、グループの他の1人からスーパービジョンを受けます。そしてまた、その人も他の誰かからスーパービジョンを受けます。あるいは、（最後は）真のスーパーバイザーからスーパービジョンを受けます。経験豊富なメンバーが増えるに従って、この受け渡しも多くなるかもしれません。

例えば、最初にあるメンバーとスーパーバイザーの2人だけが部屋にいて、そして続くスーパーバイザー役のメンバーだけがその都度入室するというやり方をすることで、この方法の効果が劇的に高まる場合があります。ワークを遂行するなかでパラレル・プロセスを鮮やかに描き出すこともあります。

＜注意事項＞ 最初に問題を持ち込んだメンバーは、自分自身からその問題が遠ざかってしまったように感じ、「孤立した」と感じるかもしれません。リレー・スーパービジョンがひと区切りついたときには時間を取って、そのセッションから得られたものを本人に確認することを忘れないでください。

形・触覚・配置

これら3つは、スーパービジョンの状況の「イメージング」に使います。形と配置は、問題を提示する人が人間関係の状況を説明するのに使い、そこからの学びを考察します。この体験を通じて、人々は以前には意識できなかった要素を発見します。触覚については次項のタクタイル・イマーゴで説明します。タクタイル・イマーゴは状況の再現と新たな情報の発見に役立つ手法です。

タクタイル・イマーゴ

タクタイル（触覚）・イマーゴは、グループや組織に対する私たちの心理的イメージを表すのに効果的な手法です。タクタイル・イマーゴは、絵を描くよりは感覚的であったり、動かしやすかったりするので、それらのピースを納得するまで動かし続けることができるため、効果的だと言えます。また、この手法は状況を視覚的に表現するスカルプティング（立体的思考）やコンステレーション（配置ワーク）で、さらなる明快さを得る共通点もあります。

実際の例として、あなたが属しているグループを思い浮かべてください。あなたがスーパービジョンを行っているグループ、その他のチームや同僚とのグループなどです。もしかすると、あなたはそのグループで「何かがうまくいっていない」と感じているかもしれません。では、まず1枚の白い紙といくつかの石や貝殻を用意してください。あなたの身近にあるものを使っていただいても結構です（この手法に慣れてくると、旅行先にも箱に入れた石や貝殻を持っていきたくなるかもしれません）。

次に、少し時間をかけて登場人物となるあなた自身、チームやグループのメンバー、つながりのある人々や同僚たちのパーツを選びます。それぞれの関係性を紙の上に表現してみてください。

図5.3に1例を挙げています。ここで、「私」はあるメンバーの近くにいるのですが、他のメンバーからは離れているように感じられます。どうやら、「トゲがある」と思い込んでいるメンバーもいるようです。そして、上司は他のメンバーから多少なりとも心理的距離があるように見えます。

このワークは、適切な質問をしてくれるパートナーや、あなたの動きや考えを見守ってくれる人と一緒に行うとさらに効果的です。1人で行う場合は、自分自

身をパートナーに見立てて、適切な質問や対話を行います（それには、実際にパートナーがいるときより、さらに多くのエネルギーが必要でしょう）。

全体のイマーゴ（イメージ）が、自分自身が持つグループのイメージとピッタリ合うまで、ピースや配置を変えることができます。ゆっくりと時間をかけて調整を繰り返してください。

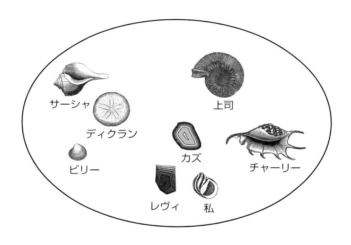

図5.3 タクタイル・イマーゴ（ i ）

「現在」のグループのタクタイル・イマーゴができあがったら、パートナーと話し合いながら、あなたが望む「未来」のグループ像について考えてみてください。そして、その未来のグループ像に合うようにタクタイル・イマーゴを調整します。ピースの変更、配置の修正、すべて変えることができます。望ましい未来の姿を表現できたら、そのタクタイル・イマーゴについて再び話し合ってみましょう。

そして、それが現実となるためにどのような変化が必要なのかを自分に問いかけてみてください。

図 5.4 では新しい登場人物が現れたり、あるいは、同じメンバーでも新しい視点が見えたりしているかもしれません。そして、それぞれが違った配置に移動していることがわかります。

図 5.4 タクタイル・イマーゴ（ⅱ）

あなたがパートナーの作業を見ている側だとしたら、あなた自身の観点から解釈を行ったり、自分の見解を差し挟んだりするのは控えてください。この手法は、当事者が状況への意味づけを行うことに価値があるのです。

タクタイル・イマーゴはグループやチームの問題や行き詰まりをスピーディーに

浮き上がらせます。これは、グループだけでなく、1対1のスーパービジョンでも有効に用いることができる優れたツールです。

　練習のため、あなた自身がスーパービジョンを行っているグループ、それがなければ、所属しているグループをモデルとしたイマーゴで試してみてください。

　タクタイル・イマーゴはダグ・ハンプソン（Doug Hampson）によって「グループ・イマーゴ理論」をベースにして開発されたものです。グループ・イマーゴ理論は、グループの成長段階や個人がグループを認識する段階を理解するためのものです。

グループ・イマーゴ

　新しいチームやグループに加わるとき、そのグループがこの先どうなっていくのかなど、私たちは常に何らかの先入観を持っています。これまでの人生において、家族、友人、同僚、趣味など、私たちはいくつものグループに所属してきているので、過去の個人的な体験や出来事から判断し、「グループに何が起こるか？」という期待や前提を持っているのです。それは自分自身で意識しているものもあれば、無意識のものも含まれます。

　私たちは、次ページの図5.5のような心理的イメージをもってグループに接します。まず、私たちに見えているのは自分自身です。そして、かろうじてグループのリーダー（責任者）も「見えて」いるかもしれません。しかしながら、実際に会って何らかのやりとりができるまで、他の人々はぼんやりとしたままです。

　最初は形式的な挨拶などから始めますが、私たちは「前に自分が出会った人たち」と照らし合わせながら、やりとりを通じて、「誰となら話せるだろう？」、「面白い人だろうか？」、「私に興味がありそうだろうか？」、「1人でもやっていけるだろうか？」などの問いかけによって、グループメンバーへのイメージを更新（構築）していきます。これらの質問はほとんどが無意識に行われるものですが、グルー

プや組織に対する心理的イメージを図5.6のように細分化する手助けとなっています。

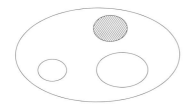 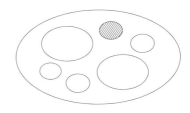

図 5.5 グループ・イマーゴ（ⅰ）　　　　図 5.6 グループ・イマーゴ（ⅱ）

　グループの成長と並行して私たちのイメージも変化し続けますが、ほとんどの場合に次の 2 つの役割に落ち着いていきます。「ヘルパー」と呼ばれ、常によくしゃべり、スーパービジョンに必ず課題を持ってくる人と、もう一方は、「静かな人」と呼ばれ、あまり多くを語りませんが、話すときには鋭さを示す人です。
　これは、自分のなかに潜んでいる心理的役割が表面化してきた段階だと言えます。そして、この段階ではリーダーに近づこうとする人々のポジション争いに注意する必要があります。

　図 5.7 で示される段階では、私たちは他の人々を個人として認識していますが、近い人、遠い人という区別があります。この段階ではグループ内で心理ゲームなどが起こり、グループ全体が不安定になるかもしれません。リーダーとして、ときには痛みを伴うこのステージをどうくぐり抜けるかは、本章の後半でお伝えします。図 5.8 で表されている高い均質性が保たれた状態に到達することで、グループが一致して活動し、互いを支えあい、同じ目標にフォーカスすることが可能となります。

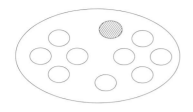

図 5.7 グループ・イマーゴ (ⅲ)

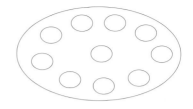

図 5.8 グループ・イマーゴ (ⅳ)

グループ・スーパービジョンをリードする

　スーパーバイザーとして、グループ・スーパービジョンをリードしたいと思うか、そうは思わないのかといった好みは、スーパーバイザーの経験値によって変化するものです。

　個人スーパービジョンを行う際に意識すべきすべての事柄に加えて、グループ・スーパービジョンでは、グループ内でのスーパーバイザーであるあなたとの関係性、グループに属する個人と個人との関係性、そして、グループの実体としてのダイナミクスを考慮する必要があります。

　以下は、グループがどのように形成され、どのように成長するか、また、そのグループ内におけるリーダーの役割について有益な情報をまとめたものです。それぞれの項目は"Tactics"（Napper&Newton 著）の内容をベースにグループ・スーパービジョン向けにアレンジしたものです。

　グループの各ステージを見ながら、スーパーバイザーとして何ができるかを考えましょう……効果的にするために……あなたの行動や態度が、グループや個人個人が自律と自己実現を目指すうえでの助けとなります。

クラークソンは、リーダーのとのような行動がグループメンバーに効果的なのか、あるいは意欲をくじいたりするかという点を詳細にリストアップしました。ここでの主な関心事はグループに対するスーパービジョンですから、スーパーバイザーの行動に焦点を絞って検討を進めていきます。

私たちはそれぞれが自分のイマーゴのなかに、いわゆる「リーダー枠」というものを持っています。これは、自分自身のリーダー体験や今まで出会ったリーダーから形づくられたものです。私たちはスーパーバイザーに関する記憶や妄想を基にして、「そのモデルに自分を合わせる必要がある」と思うかもしれませんが、そのモデルが現状に合わないものであれば、何らかの不都合（問題）が生じるでしょう。

ステージ1　Imaging　イメージング（事前グループ・イマーゴ）

グループが形成され始めたステージ1では、参加者たちのイマーゴは 図5.5の状態です。スーパーバイザーは参加者それぞれが持つグループに対してのイマーゴに目を向け、参加者全体に影響するような何らかの不安材料があれば気づき、対応する必要があります。明瞭な組み立てと、オープンな最初のアプローチが健全な組織づくりの助けとなるでしょう。

適切なコントラクトがあると、参加者が勇気づけられ、グループのタスクに関する興味と関心を感じることができ、グループにとっていいスタートが切れます。

182　　5章　実践〜実際のところ、何をするのか

（スーパーバイザーの）グループの形成を促進する行動

- グループのタスクと目的についててていねいに伝える
- スーパーバイザーとメンバーそれぞれの期待について明確な
コントラクトを締結する
- スケジュールやプログラムの進め方などの情報を提供する
- グループのために適切な部屋を準備する
- グループの全体的な状況、この先の展望について語る
- グループメンバーが互いを知るための時間を確保する
- グループの組み立てと保護に関する責任を負う
- 相手への敬意と関心において、OK-OK な関わり方のモデルを示す

（スーパーバイザーの）グループの形成を阻害する行動

- グループの目的とタスクの混乱
- 「誰が何をするか」について不明瞭、もしくは矛盾したメッセージ
- 情報不足
- 室内の物理的環境や準備が貧弱
- 守秘義務
- 「スーパービジョンを進める」ことへの不安
- 組み立ての欠如、過度の自由放任主義
- スタンドプレーや周囲を動揺させる行為（アジテート）を行う

ステージ2 Meeting　ミーティング（順応するグループ・イマーゴ）

　ステージ2は図5.6で示されたものになります。この段階におけるリーダーは、衝突や抵抗といった形で表れるネガティブな感情に対処する必要が出てくるかもしれません。

　例えば、「なぜ、そのようなやり方をしなければならないのですか?」という抵抗であったり、見えにくいかもしれませんがエネルギーの低下だったり、受動的行動の増加あるいは、意欲・情熱の低下だったり、活動への不参加などです。

　ここでスーパーバイザーの能力が試されます。困難だと感じるかもしれませんが、信頼性と柔軟性のモデルを示すことがカギとなります。

　「すべてがうまくいかないのは自分のせいだ」と自責の念にかられるのを避けるためにも、この段階が続くようであれば、同僚にサポートを求めてください。

グループの形成を促進する行動

● OK なポジションで批判に耳を傾け、対応する

● OK-OK な視点を保つ

● 1人ひとりのアイデアや反応について肯定する

● タスクの許す範囲において柔軟性を発揮し、組み立てを維持する

● 手順やメソッドの変更について必要な話し合いと交渉を行う

> ### グループの形成を阻害する行動
>
> ● 視点を否定したり、特定の立場に固執したりして迫害する
>
> ● 対立があることを無視したり、口先だけで対処したりしようとする
>
> ● 状況をよくしようと「他人を喜ばせる」もしくは「懸命に努力する」
>
> ● 過度に甘やかしたり、厳しく接する
>
> ● 「こうしなければならない」と言う

ステージ3 Angling　アングリング（機能するグループ・イマーゴ）

　ステージ3 は 図5.7 のようになります。この段階では、グループのなかでスターメンバーは誰なのか？　効果的にチャレンジするのは誰なのか？　「隠れよう」とするのは誰なのか？　などを含め、参加者それぞれがリーダーとの関係性、立ち位置を考え動き始めます。まだスーパーバイザー自身も何らかのネガティブさを感じているかもしれませんし、スーパーバイザーは非難や批判の対象かもしれませんが、メンバーは徐々に彼ら自身のイマーゴのなかで安心し始め、慣れ親しんだ行動パターンを再現し始めます。

> ### グループの形成を促進する行動
>
> ● 柔軟性を保つ
>
> ● 自分自身が持つ価値観と立ち位置を明確にする
>
> ● グループ全体とメンバー個人に敬意を払う
>
> ● グループ固有の文化とアイデンティティーの発達を促す

グループの形成を阻害する行動

● すべてのグループが同じであることを期待する

● メンバーの破壊的振る舞いに対処しない

● 交渉せずに、融通の利かないルールを作る

● グループのアイデンティティーに対して特定の先入観を持つ

　グループ内の1人ひとりが肯定され、各自がグループに貢献していることが認識されると、この段階をスムーズに進めることができます。

　柔軟性と励ましがカギとなり、健康的なグループが育っていきます。スーパーバイザーも、これまでの記憶を想起することで、自分自身に次のように問いかけることができます。「今回のスーパービジョンを効果的にするために、自分の自我状態（P）のなかに入れたのは何だったのだろう？」

ステージ4　Getting on　さらに進める（再順応するグループ・イマーゴ）

　ステージ4は 図5.8 で示されています。この段階ではそれぞれがより近い存在と感じ、スーパーバイザーに対しても「スーパービジョンの尊師（グル）」ではなく、実在の人物だとみなしているでしょう。私たちはリラックスしてグループの自発的学習を促進したり、グループの発達に対する責任を分かち合ったりすることができるようになります。この段階では、経験豊富なグループ向けの手法を採用することで、グループに新たなチャレンジと迅速な成長をもたらすことができきます。

グループの形成を促進する行動

● 個人とグループとが「I am OK-You are OK」（一緒にする）の
　状態にもっていく

● リーダーシップを適切に分かち合う

● 全体の組み立てを維持しつつ、必要に応じて集中する

● 探求と体験を奨励する

● 許可、励まし、ストロークを与える

● メンバーのリソースとなる

● グループにおいて、現実的存在となる

グループの形成を阻害する行動

● リーダーの役割を手放さない

● グループをコントロールする－ドライバー行動を誘発

● スーパーバイザーのイメージどおりになることをグループに期待する

● 他の人の意見に耳を貸さない

● 何かを行うときに「ある特定のやり方」を強要する

● グループが向かうべき「正しい道筋」に固執する

● 自分もゲームを行い、ゲームを誘発する

`Ending the group`　グループの終わらせ方（終了時間）

　終了時間が迫ってきた段階で、リーダーは流れを損なうことなく、当日の課題

を収束させるよう計らう必要があります。 グループ内にネガティブな感情や「時間を延長したい」といった非現実的な願望がある場合はなおさらです。

　リーダー自身がなんらかの喪失感を持っていると、収束させるのは特に難しいでしょう。 参加者全員で何が良かったのかを語り、「さよなら」 を告げる儀式を行うことが助けになるかもしれません。 その儀式では1人ひとりが個人的な感想を言うだけでなく、 このグループの一員として過ごしたなかでの互いの体験をシェアします。

グループの形成を促進する行動

● グループと個人に対して、別れを惜しむスペース（空間）を提供する

● 終了時間を守る

● グループに「ストーリー」を語るための時間を提供する

● 適切なフィードバックをする

グループの形成を阻害する行動

● 感情表現や儀式を行う時間を与えないまま急いで終わる

● 曖昧な終わり方をする（グループが同意した終了時間を守らない）

●「振り返りながら落胆する」ことを否定する

● 非現実的な言葉や約束で安心させようとする

　どうやら昔から、「終わらせること」 はとても難しいようです。 つまり、コーチと共にいるクライアントにとっても、 スーパーバイザーと共にいるコーチにとって

も、また、その反対から見ても同じようです。おそらく、私たちの文化には「曖昧な終わり方をする」というプロセスがしっかりと組み込まれているのでしょう。その結果として、私たちはどのようにものごとを終わらせるかについて、ほとんど何も学んでいないのです。

この「終わらせる」という重要な能力は、スーパービジョンでの関係性がモデルとなり、習得することができます。

私たちはメンバー内で起こった問題にグループとしてどのように対処するかを質問することと、その問題に目を向けるためにワークをデザインすることを本書の2章「コントラクト」で取り上げました。

グループの終わり方について私たちがおすすめするのは、「その終わらせ方：最後にどんな気持ちになっているか」について最初に話し合うということです。つまり、「ものごとをうまく進めるためには、ゴール地点を明確にする必要がある」のです。それによって、グループとスーパーバイザーの双方が関係性の終わりについて認識します。そして、話し合いと交渉によって定めたやり方でグループの終わりを迎えることができるのです。

私が知っているあるコーチは、クライアントとの関係の終わらせ方に誇りを持っています。彼らは喜びと祝福のもとにワークを完了し、お互いに希望を持ちながら去っていきます……その後、彼らは何年にもわたって親密でバランスのよいつながりを保ち続けるのです。

◇ このワークの進め方についてどのように感じていますか？

◇ グループの終盤をどのようにマネジメントしますか？

◇ 人生のなかで、関係が終わってしまったのに、それを認められていないものがあるでしょうか？　あるいは、すぐに切り替えて前進できている関

係性はありますか？

◇ 何かを終わらせるとき、それはスムーズに進むでしょうか？　それとも痛みを伴うでしょうか？

◇ あなたの「終わらせ方」は、ワークのなかでどのように表れてくるでしょうか？

◇ どのような「終わらせ方」が好みでしょうか？

組織内のインハウスコーチを対象とした グループ・スーパービジョン

　組織内で働くインハウス（組織の社員）コーチ、もしくは、その組織と契約している外部コーチは、しばしば組織内でのグループ・スーパービジョンに参加することを求められます。特にその組織が学習と経験を共有することで、成長につなげたいと考えて彼らを雇っている場合はなおさらです。また、組織内で行うグループ・スーパービジョンは組織にとって金銭的負担が軽いという側面もあります。しかしながら、こうしたコーチ同士が同じ組織で活動している状況下では、議題に上がっているクライアントが誰であるかは簡単に特定できてしまうので、守秘義務の取り扱いにはより一層の慎重さが求められます。

覚えておくべきこと

　4章でインハウスコーチが特に考慮すべき倫理的観点を検討しました。ここで、それを振り返ってみましょう。

　インハウスコーチは特定の専門的団体に所属していないかもしれません。そのため、コーチングを進めるうえでの倫理規定を彼ら自身で決定する必要があ

ります（彼らが所属する組織で、すでにベースとなる倫理規定が存在することもあります）。同時に、彼らは自分自身と組織との間にどのようなコントラクトがあるのかを理解しておかなければなりません。コーチングで取り上げることができるトピックは何か、取り上げられないトピックは何か。コーチに対して業務内のキャリア向上だけの制限付きコーチングを求める組織もあれば、こうした制限がまったくない組織もあります。

コーチとしての自分の役割の境界線を認識することは大切です。例えば、組織からリストラ・プログラムへの支援を依頼され、コーチ自身がその決断をした組織に対して大きな怒りを抱えていたり、あるいは、残留する自分たちに「生き延びた罪悪感」を感じたりしているかもしれません。こうした場合、「何をどこまでやるのか？」を見極めることが大変難しくなるでしょう。このような問題はグループ・スーパービジョンでまっさきに取り上げるべきであり、グループを立ち上げる際に、スポンサーである企業と最初にディスカッションしておくことが重要です。

インハウスコーチは、限られたトレーニング時間のなかで、図5.2「コントラクトの流れ」における「テリング（教示）」の時間を入れたり、自分たちの能力を振り返ったり、グループメンバー間のコーチングをオブザーブする時間を確保する必要があるかもしれません。現場でのコーチングが月に1〜2時間程度だとしたら、グループ・スーパービジョンに持ち込む課題が常にあるとは限りません。

グループの違いはあっても、セッションの典型的なテーマは似通ったものとなることがほとんどですが、コーチやクライアント、そしてワークの背景に影響を及ぼすような特記すべき組織の変化についての最新情報を共有する時間が加わります。

サポートを得る

すべてのスーパーバイザーは、個人スーパービジョンやピア（仲間）グループをとおして、自分自身もサポートを得る必要があります。スーパービジョンに持ち込まれるテーマは多岐にわたります。これまでの章でいくつかご紹介してきましたが、よく浮上する一般的なテーマについて、ここでさらに検討してみましょう。

スーパーバイザーのスーパービジョン

スーパーバイザーとして活動していると、セブン・アイ・モデルのように、すべての登場人物、彼らの背景にあるシステム、専門性と自分自身の仕事等、全体が自分の肩にのしかかっていると思うことがあるかもしれません。そんなときには、あなたのスーパービジョンのスーパービジョンと呼ばれるものが必要です。

スーパービジョンのスーパービジョンにはさまざまなやり方がありますが、よくある進め方を挙げておきましょう。

ピア（仲間）・スーパービジョンで——1対1の場合やグループの場合がありますが——他のスーパーバイザーたちに仕事をシェアする。もしくは、外部のスーパーバイザーと契約をし、個人的にスーパービジョンを受けるか、グループ・スーパービジョンを企画運営する。どちらのやり方もうまくいくと思われますが、どちらを選ぶにしても、適切なコントラクトの締結、ワークの焦点がスーパービジョン・トライアングルの特定のコーナーに偏っていないかの確認、パラレル・プロセスの存在など、スーパービジョンのポイントは共通しています。

加えて、あなたが自分自身のスーパービジョンについてスーパービジョンを受けるのか、同時に自分自身のコーチング・ワークの課題も持ち込むのか、クリアにしておくとよいでしょう。スーパーバイザーとしてトレーニングをする多くのコーチたちは、自分たちがさらによいコーチとなることを目指していると言っています。

それはそれでよいことだと思いますが、コーチとスーパーバイザーの役割には多くの共通する能力がありながら、この2つの仕事は異なっていること、特にクライアントにとってはその違いが重要な意味を持つことを覚えておいてください。

　自身のスーパービジョンについてスーパービジョンを求める方法として、あなたにとって最も望ましく現実的な方法は何でしょうか？　特定の何か、あるいは誰かに魅力を感じて、でしょうか？　あるいは、単に連絡しやすいとか、時間の都合がよいとか、支払いがしやすいという理由でしょうか？　また、スーパービジョンを求めることに何らかの抵抗があることに気づいたでしょうか？

　あなたがコーチであり、コーチのスーパーバイザーでもあるとしたら、この2つの役割をどのように区別していますか？　それぞれの役割におけるアイデンティティーはどのようなもので、それは重なり合っているでしょうか？　重なり合っているのなら、どの部分でしょう？　2つの役割のアイデンティティーが重なり合っていることは問題ですか？　問題ではないでしょうか？　どのようにして、2つの役割のそれぞれについてスーパービジョンを受けますか？　あなた自身の在り方とワークの進め方において、2つの役割の共通点と相違点を探求しているでしょうか？　それぞれの役割から、別の役割に関して何かを学ぶことができますか？

ビリーフ（信念）

　次の6章で述べていますが、私たちは自分の世界に関するストーリーを作り、それを更新し続けています。そして、そのストーリーは他の人々の世界にも影響を与えます。そのため、スーパービジョンのなかで互いが話し、耳を傾けているストーリーに注意を払い、それを見逃さないことが大切です。特に、そのストーリーから垣間見えるビリーフで、何が可能で、何が不可能かに敏感であってください。その人の内面のストーリーは、必ずしも声に出して話されるとは限りません。ときにそれは、聖ベネディクトの戒律にあるように「心の耳」

で聴く必要があるかもしれません。そして、その声はしばしば、スーパーバイザー、スーパーバイジー、クライアントの奥深いブロックや表面化していない願望を明らかにします。

例えば、クライアントが「実際のところ、自分は十分よくやっているとは思えない」という状態であれば、コーチやスーパーバイザーも自分自身について同じような感覚を体験しているかもしれません。そして、その思いは気づかないほどの小さなディスカウントとして表れているでしょう。

スーパーバイジーのストーリーをそのまま受け止めることを妨げている自分自身のビリーフに気づいていますか？ 何かを成し遂げるうえで、最も強い影響を持つビリーフは何でしょうか？ スーパーバイジーとして、誰をスーパーバイザーに選ぶのか、誰を選ばないのか、また、その理由は？ ——それらもすべて、あなたのビリーフが判断しています。

脆弱性（外部からの影響を受けやすい状態）

スーパービジョンが1対1であれ、グループであれ、スーパーバイジーと同じようにスーパーバイザーも自身の気持ちや体験についてオープンであり、外部からの影響を受けやすい存在であることをスーパーバイザー自身が知っておく必要があります。だからこそ、スーパーバイザーとして1対1とグループという2つの異なる状況下で、彼らがどう違って感じ、何が起こるのかを理解することはとても重要です。例えば、1対1の関係においてはどのような「親しさ」を体験してきたでしょうか？ そして、グループではどのような経験があったでしょうか？

多くのスーパーバイザーにとって、スーパーバイジーの感情（それが好ましいかどうかはさておき）と一定の距離を保つには、1対1よりもグループのほうがやりやすいようです。どちらの状況でもスーパーバイジーは自分の背景をスーパー

ビジョンに持ち込みますが、個人スーパービジョンのほうがグループよりもドラマ・トライアングルへ進む確率は高いでしょう。

コーチあるいはスーパーバイザーとしてのあなたにとって、1対1のワークはどのような体験でしたか？　グループワークではどうでしょう？　あなたに何が起こりましたか？　やりやすかったこと、OKだったことはなんでしたか？　難しく思えたことはなんでしたか？　それは、スーパーバイジーにどのような影響を及ぼす可能性があるでしょうか？　あなた自身にどのような変化が必要でしょうか？

Tomoko's Voice

よりよいスーパーバイザーになるために、スーパーバイザーもサポート（スーパービジョン）が必要です。

アセスメント - 評価 - 判断（ジャッジすること）

コーチ向けのスーパーバイザー養成講座で私たちはある壁に直面しました。それは、受講生が自身のコーチングに対する絶対的基盤として、「クライアントをジャッジしてはならない」というビリーフを持っていたことでした。これは、しばしば「常にクライアントに対する無条件の肯定的関心を示す」などといったフレーズで表現されます。自分の役割をコーチからスーパーバイザーへと移行するうえで、このビリーフがスーパーバイザーとしての重要な機能の妨げになるかもしれません。その機能とは、マネジメント・コーナーのアセスメントという機能です。

スーパーバイザーはスーパーバイジーが進歩の過程でどこにいるのかを認識したり、スーパーバイジーのどこが強みなのか、あるいは、何が苦手なのかを識別したりといったアセスメントを継続的に行う必要があります。スーパーバイジー

が真の意味で成長するには、彼ら自身でワークの問題点をアセスメントする能力を開発する必要があります。それは情報に基づく理性的なものであり、決め付けではないということが不可欠です。

　私たちの見解としては、そのようなアセスメントは、コーチングの世界で専門家として尊敬されるためには重要な要因です。なぜなら、専門家と呼ばれるには成長するためにチャレンジし続けることが当然だからです。

　コーチにとって継続的に専門性を高めるという視点で、スーパービジョンの機会を取り入れることはとても重要な活動です。今のところこの業界では、コーチの能力を拡大する高度なトレーニングはひじょうに限られているからです。コーチの専門職団体やコーチのグループ、あるいは、コーチを雇用する組織から、年間をとおしてコーチを対象としたスーパービジョンの要請は増えつつあり、これからますます求められています。

　実際のところ、「コーチたちは、どの程度の頻度でスーパービジョンを受けているのか？　また、どのような方法で行われているのか？」という段階から、「コーチたちは、自分が活動している組織の状況をよく理解しているか？」という段階まで、それぞれが属している環境の違いによって、スーパービジョンの内容は大きく左右されます。

　あなたは、スーパーバイザーとして提供するバウンダリー（境界）を明確に設定することができます。できれば、スーパーバイジーと話し合って、その境界を設定することをお勧めします。

　アセスメントに関して、あなた自身の感じ方はどのようなものですか？

　スーパーバイザーの役割として、どのような場面でアセスメントの能力を使いますか？

　あなたがコーチとしてアセスメントする能力を得たのはいつでしょうか？

すでに持っていた能力と、学び続けること

　私たちはこれまで、あなたがスーパーバイザーとして実践するにあたって支えとなる、いくつもの提案やモデルを提供してきました。そして今、あなたはスーパーバイザーの役割を遂行するための、強力でバラエティに富んだ「ツールボックス」を手にしています。

　あなたがすでに習得してきたものは何ですか？　あなたのモデルは何ですか？　スーパーバイザーとして活動するうえで、あなたはそれらをどう統合しますか？　これまでのキャリアとすべての経験を振り返って、あなた自身とクライアントの役に立つとしたら、それは何でしょうか？　結果、コーチ・スーパーバイザーとしてのあなたらしいアイデンティティーはどう発展するのでしょう？

スーパーバイジーの務め

　これまでは主にスーパーバイザーの行動と責任についていろいろな視点から検討してきましたが、それと同時に、スーパーバイザーとスーパーバイジーの関係は平等であり、共同創造を行うものであり、互いにコントラクトを締結した関係のものであるともお伝えしてきました。では、スーパーバイジーの責任とは何でしょうか？　スーパービジョンにおいて、彼らには何が求められるでしょうか。

スーパービジョンへの継続参加

　当たり前だと思われるかもしれませんが、これはひじょうに重要なことです。自分の専門性に責任を持ち、スーパービジョンに専門家としてコミットすることが第1歩です。スーパービジョンについて何らかの違和感があれば、その原因を明らかにして解決に努めてください。そして、スーパービジョンの頻度と手段（skype、電話、対面）を調整し、それを継続しましょう。

積極的に参加すること

　　スーパービジョンが1対1であれ、グループであれ、コントラクトを作成する段階から対等な立場で参加し、それを維持してください。スーパーバイザーやグループとの関係において積極的に関わり、惰性で参加することや傍観者となることは避けましょう。そして、グループ、もしくはスーパーバイザーと共に、あなたの関わり方について常に振り返ってください。

準備をすること

　　スーパービジョンに参加する際には、その内容が完全にはまとまっていなかったとしても、あらかじめ取り上げたい事柄を考えておいてください。それが明確であればあるほど必要な成果を手に入れる可能性が高まります。また、役に立ちそうな事柄はメモして保管しておき、時折それを振り返ってください。そして、1年、もしくは半年に1度、定期的にその内容をレビューしましょう。

オープンであること

　　自分が行っているスーパービジョンを活用するだけでなく、他の人のスーパービジョンからも学んでください。確信が持てなかったとしても、参考になりそうな情報があれば伝えましょう。そして、介入とフィードバックには、自身の素直なところから反応してください。

シェアすること

　　率直さと誠実さを表してください。グループの他の参加者を励まし、フィードバックを与え、サポートする。スーパービジョンをどう活用したのかの事例を持ち込み、それがどのような変化をもたらしたかをシェアする。あなたと他の人々の成長と成功を喜びましょう。

責任を持つこと

　問題へのアドバイスや指示、直接的な答えを期待してはいけません。あなたと他の人々の自律と問題解決能力を信じ、あなた自身で考え、行動することにチャレンジしましょう。

成長を続けること

　スキルが向上するにつれて、あなたがスーパービジョンに持ち込む課題も変化するでしょう。以前の段階にしがみつく必要はありません。あなたが成長すればするほど、セッションに持ち込む課題を事前にチェックできるようになるでしょう。自分が本当にそれを必要としているのか？　その答えをすでに知っているのではないか？　などがわかってくるはずです。あるコーチは、一旦セッションに来ることを止めて、リストアップした内容をチェックし、セルフ・スーパービジョンができる内容には印を入れたのです。そして、自分のうまくいった分析や判断の結果をスーパービジョンで報告するやり方に変えました。その結果、当然のごとく自分が本当に必要とする事柄に対して、時間をたっぷりかけてスーパービジョンをより有効に活用できるようになりました。

学びを活かすこと

　最初は、クライアントへのサービスを改善するところから始めます。しかし、そこにとどまらず、コーチとしての専門性の向上、同僚への元気づけができるように進んでいきましょう。そして、あなた自身がスーパーバイザーとなることを考え始めてみてください。

Notes and Resources

◆ クラークソンによるスーパービジョン・チェックリスト（76 ページ参照）は、スーパービジョンの有効性を測る標準的手法となっており、TA のスーパービジョン試験でも採用されています。また、私たちのトレーニングコースでも、ワークのアセスメント（評価、判定）にこのチェックリストを用いています。この章でもご紹介していますが、マゼッティは、変容を推進するスーパービジョンのベースとなるスーパーバイザーとスーパーバイジーの感情的つながりを重視する立場から、このチェックリストにいくつかの項目を付け加えました。

◆ 図 5.2 は富士通に勤務するコーチ・スーパーバイザーのグループが開発したものです。適用範囲を広げるため、若干の修正を許可してくださったことはもちろん、その他のご協力のすべてに感謝します。

◆ 「パラレル・プロセス」は、一般的には 1955 年、サールズが「リフレクション・プロセス」と呼んだ現象を言います。パラレル・プロセスを識別するための質問は、ジュリー・ヘイの著書 "Reflective Practice and Supervision for Coaches" をご覧ください。

◆ ホーキンスとショウヘットによるセブン・アイ・モデルの詳細は 4 章の Notes & Resources をご覧ください。

◆ ペトリューシカ・クラークソンはグループの変化に伴うリーダーの役割の変化について、グループの発達段階を説明したエリック・バーンの理論やタックマン（Tuckman）モデルの「形成（forming）、混乱（storming）、統一（norming）、機能（performing）」と関連づけました。彼女の理論はセラピー・グループを対象としたものでしたが、そ

200　**5** 章　実践～実際のところ、何をするのか

の特徴的な段階の推移はスーパービジョンや学習のグループはもちろん、あらゆるグループに適応できるものです。"Tactics"（Napper&Newton 著）では、クラークソンの図式をさらに発展させています。

◆ エリック・バーンは組織を題材に執筆した唯一の書籍 "Structure and Dynamics of Organisations and Groups" のなかで、外部からの力（プレッシャー）とそれに抵抗する内部の結束力や、混乱を招く可能性がある内部の扇動（アジテーション）、自分自身の願望とグループの一員であることを望む気持ちとのバランスなど、それぞれの状況下で組織を維持する方法を記述しました。イマーゴ・モデルはそのひとつであり、グループの1人ひとりが描く心理的イメージと、時間の経過によるイメージの変化を示すものです。健全なグループはそれぞれの段階を追って変化していきますが、問題のあるグループは第3段階で行き詰まり、グループ内での競争やもめごとが継続するか、もしくは遠慮がちな様子見のやりとりから抜けられず、第2段階に留まることもあります。タスク（課題）がスーパービジョンであれば、個人の成長・変化を求めていないため、そのグループは長続きしないでしょう。

◆ バーンの理論と「イメージング」モデルを組み合わせてダグ・ハンプソンは「タクタイル（触覚）・イマーゴ」という発想を生み出しました。「タクタイル・イマーゴ」では、貝殻、小石、天然石など、触れることができる小さなモノを用います。これらの「見た目」や「感触」は、私たちにとってそれらを選ぶことで特定のグループやチームメンバーの存在をより鮮明に表すことになり、とても有効です。

◆ マイケル・キャロル（Michael Carroll）＆マリア・ギルバート（Maria Gilbert）の著書 "On Being a Supervisee" は、スーパーバイジー向けの素晴らしいガイドです。この書籍は、援助やお話などを通じての対人支援を行うあらゆる職種を対象として書

かれており、スーパーバイジーであることのさまざまな側面を全面的にカバーしています。スーパーバイザーにとってもひじょうに役立つでしょう。

References

Berne, E. 1963, Structure and Dynamics of Organisations and Groups. New York: Ballantine Books

Carroll, M. and Gilbert, M. 2005, On Being a Supervisee: Creating Learning Partnerships. London: Vukani Publishing

Clarkson, P. 1991, Group Imago and the Stages of Group Development. TAJ 21:1

Clarkson, P. 1992, Transactional Analysis Psychotherapy. London: Routledge

Hay, J. 2007, Reflective Practice and Supervision for Coaches. Maidenhead: OUP

Mazzetti, M. 2007, Supervision in Transactional Analysis: an operational model. TAJ 37:2

Napper R. and Newton T. 2000, TACTICS for Adult Learning. Ipswich: TA Resources

Searles, H. 1955, The informational value of the supervisor's emotional experience. Collected papers on schizophrenia and related subjects. London: Hogarth Press

Tuckman, B. & Jensen, K. 1977, Stages of Small Group Development. Journal of Group and Organisational Studies 2

6章

LEARNING

学習 　～人生脚本とストーリー

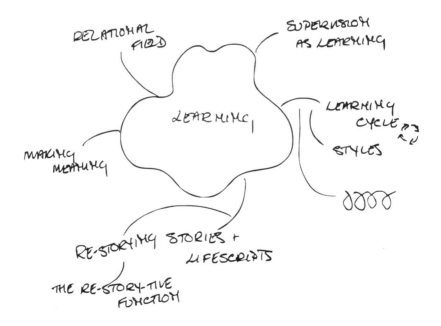

小さな女の子が真っ白な画用紙に何も描けずに、学校の美術室にぽつんと座っています。「何かシミをつけてみて」という先生の言葉に、女の子はシミを描きました。先生は「さあ、そこにサインして」と言うと、その絵を額に入れ、壁に飾りました。それから女の子はたくさんのシミを描きはじめ、学校の美術展で注目されるスターになりました。そんな彼女に、小さな男の子が「僕も絵が描けたらいいのに」と言いました。女の子は、彼に1本の線を画用紙に描かせます。そして、「さあ、サインして」と言いました。

　本書で「Learning（学習）」に1つの章を割り当てているのはなぜだと思われますか？　それは、私たちがスーパービジョンとは真の学習が生まれる場であると確信しているからです。スーパービジョンで学ぶ事柄は実体験を反映したもので、このうえない体験的学習の場となります。そして、ここでの人間関係がカギとなるのです。学習は対話によって生まれ、対話は関係性と新たなストーリーを生み出します。

　私たちはこの章で、スーパービジョンに関する考えとワークを統合し、スーパーバイジーの学習を支える基盤を固めていきます。

　これから、以下の事柄との関係性を探求していきます。

　　◇ 初期適応プロセスとして体験をともなう学習
　　◇ リレーショナル・ラーニング（関係性学習）についての新しい考え方
　　◇ 人生脚本と個人のストーリー
　　◇ 意味を伝える手段としてのストーリー
　　◇ 神経科学から見た経験と学習の関係性

どのようなタイプの学習なのか？

　本書の 5 章で、私たちの認識を視覚化するためのツールとしてイマーゴ（タクタイル・イマーゴ他）をご紹介しました。学習グループについて考えたときに浮かんでくるイマーゴ、あるいは心理的イマーゴは、学習者としてどのように学ぶか、どんなメッセージを受けとめるのかといった、本来持っている思い込みや信念を映し出しています。

　私たちは情報で「満たされる」ことを期待しているのでしょうか？　尊敬する人の言葉をそのまま信じようとするのでしょうか？　学ぶことについて全体的（ホリスティック）な視点を持っているでしょうか？　他の人と一緒のほうが学習しやすいでしょうか？　あるいは、学ぶときには 1 人でいることを好むでしょうか？

　4 章でも検討した、フィロソフィーを視覚化した図 6.1 の 3 つの図は、学習グループにおける「リーダー（教え手）」と「学習者」のそれぞれ異なる関係性を示したものです。

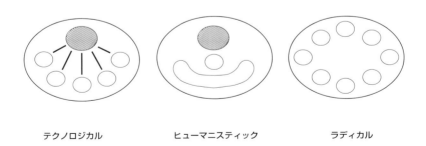

テクノロジカル　　　　　ヒューマニスティック　　　　　ラディカル

図 6.1 学習イマーゴ

◇ テクノロジカル・イマーゴは「リーダー」と「学習者」1人ひとりとのはっきりとしたつながりを表しています。その学習の目的は、個人個人が成長することです。通常、このイマーゴでは学習とは純粋な内的プロセスだとみなされています。内的プロセスは環境から影響を受ける可能性もありますが、それは個人の成長に関連することであり、「学習者」は環境に影響を及ぼすことはありません。

◇ ヒューマニスティック・イマーゴでは、「リーダー」と「学習者」との1対1の関係が存在しますが、他の人々は自分がフォーカスされる順番が来るまでサポート役となります。これは、1人の人を中心としたホリスティックな学習スタイルで、リーダーと周囲は「学習者」の自己成長の旅路のパートナーとなり、支援的、肯定的環境が重要な要素となります。

◇ ラディカル・イマーゴでは、リーダーが存在しません。それぞれの役割が何であれ、全員が学習プロセスにおいて対等な位置を占めています。

Tomoko's Voice

図6.1 学習イマーゴの詳しい情報は、Trudi Newton の論文をベースにしてまとめられた『効果の上がる教育スタイル　実践のための6つのモデルと活用事例』(株式会社ホリスティックコミュニケーション刊) が参考になります。
Trudi Newton の論文：Newton, T., Identifying Educational Philosophy and Practice through Imagoes in Transactional Analysis Training Groups, TAJ, Vo. 33, No.4, October 2003,

グループへのスーパービジョンを行う際に、そのグループがどのイマーゴに当てはまるか考えてみてください。そのために5章で取り上げたタクタイル・イマーゴを使うのもよいでしょう。あなたとグループをつなぐものは何かを考えてみましょう。

共同創造アプローチ、ポジティブ心理学、ラディカル教育スタイルなどのアイデアと共にあるラディカル・イマーゴですが、私たちがとりわけ重視し、ここに描いているのは、経験をベースにした変容をうながす学習です。

成人学習に関して、パウロ・フレイレ（Paulo Freire ／教育学者）は「私たちは互いに教え合い、（それによって）世界は成り立っている」、そして、私たちの共通の仕事とは「世界を変えるために行動すること」だと述べています。人間として存在しているこの世界で、私たちが知識を獲得してきたすべての経験が、スーパービジョンで活用できる素材となります。

一方、ジャック・メジロー（Jack Mezirow ／社会学者）は、「『混乱するジレンマ』に遭遇したとき、私たちの学びが起こる」と考えています。なぜなら、混乱するジレンマは私たちの準拠枠を揺さぶるからです。経験学習としてのスーパービジョンを考えるうえで、これは説得力のある見解だと言えるでしょう。私たちは現場でのワークの意味をどのようにとらえ、それをどう変えていくのでしょうか？

自分自身のスーパービジョンにどのような意味を持ち込み、現場に何を持って帰るのでしょうか？

この章で私たちは、スーパービジョンで実際に何が起こっているのかを観察し、いくつかの（新しい）ストーリーを描くために探求する「経験学習」というコンセプトを用います。

スーパービジョンについて話すとき、実際のところ私たちは一体何を語っているでしょうか？

◇ 最高の学習体験

◇ スーパーバイジーとスーパーバイザーの両方に関係する事柄について

◇ アクションラーニングとアクションリサーチ

◇ 理論と実践を結びつけること

◇ 成長プロセスと規制について

◇ 他者への影響（例えば組織内の出来事など）

学習を振り返る（リフレクション）

この章の冒頭に挙げた（シミや直線の絵を描く）物語で、2人の子どもたちの人生はおそらく大きな変化を遂げたでしょう。ここまで劇的ではないとしても、同じようなことは日々、私たちにも起こっています。

ここで、コーチ・スーパーバイザーであるクレイナの体験を見てみましょう。

リフレクションは、自分と他者それぞれへの認識と気づきを可能にします。私はこのリフレクションが他者との関係だけでなく、内的主観性（内面で起こっている自分自身の考えや感じていること）への学びを可能にするものだと考えています。

私がそれを体験したのは、コーチたちにスーパービジョンを行っていたときでした。コーチたちには Key Issue が見えていないようだったので、私は彼らのワーク内でのやりとりについて、メンターの立場から細かな言葉遣いについて繰り返し説明していたのです。そこでのコーチングは、まだクライアントの変化をうながす段階にはありませんでした。

その後のリフレクションで気づいたことは、私がコーチたちに Key Issue に直接関わるシンプルな質問さえしていれば、クライアントの進展も望めたということです。

このようにスーパービジョン・セッションという環境と他の人々の存在が、私に気づきの場を与えてくれたのです。

あなたが最近行ったスーパービジョン・セッションについて思い出してください。コーチングを行った体験や、自分がスーパーバイジーだった場面でも構いません。

1）セッション中に起こったことを自分自身に語ってください。どのような問題や混乱があったでしょうか？　他者は何を言い、あなたはそれにどう応じたでしょうか？

2）次に、そのときの感情に目を向けてみましょう。あなたにとってどうでしたか？　それは、あなたにとって何か特別な意味があったでしょうか？セッション前に何を考え、感じていましたか？　セッションの間、セッション後はどうでしたか？　もしもそのテーマがあなた自身のものではなかったとしても、セッションのなかで何か考えや感情が浮かび上がったでしょうか？

3）リフレクションで、何かに気づいたでしょうか？　あなた自身について、他の人々について、その事態はあなたがすでに知っていること、学んでいることとどのような関連があるでしょうか？　その出来事の理解の助けとなるモデルを思いつくでしょうか？　または、その出来事を理解する他のアイデアがあるでしょうか？もしなければ、しばらく立ち止まることで、何か意味を導くか、新たな状況を作り出すことができますか？

4）将来的にどう活用していくかについて考えてみましょう。次に同じような状況が生じたときに違いを生み出すために、今回あなたは何を学んだでしょうか？　違う行動をするとしたら、何をするでしょうか？　新しい決断や洞察をどのように心に留めておきますか？

経験学習サイクル

あなたが今エクササイズで取り組んできたことは、コーチングやスーパービジョンにおける経験を回想するための学習サイクルとして知られるようになってきた「経験学習」の効果を得るためのものでした。

これは、あなたにも馴染みがあるかもしれません。恐らくそうでしょう。なぜなら、私たちが行き詰まり、身動きできないと感じる状況は、スーパービジョンに持ち込まれる馴染みの課題だからです。

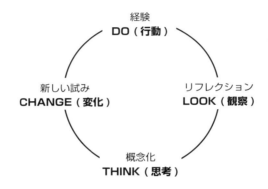

図 6.2 コルブの経験学習サイクル

多くの人が、図 6.2 で示される学習サイクルをトレーニング・モデルとしてご存じだと思います。デイビッド・コルブ（David Kolb）は経験学習がどのように起こるのか、そのプロセスをこの学習サイクルを使って説明しましたが、このモデルの価値はそれだけにとどまりません。このモデルは、私たち人間が現実にどのように適応し、この世界をどのように切り抜けていくかというプロセスを示しているのです。

科学と芸術の根底にも、そして、赤ちゃんや幼児の成長、発達、学習の方法も、

本質的にこれと同じプロセスが存在します。そのパターンは、起こったことを観察する、それがどのような意味を持ちうるのかを考える、それを根拠とした計画を立てる、計画を実行した結果、何が生じたかを観察し理論を修正する、そしてそれを繰り返すのです。

日々の体験について、このように考えることは少ないかもしれません。それでも、少し時間を取って最近の数カ月を振り返ってみてください。何か新しいことを学んだ、もしくは、問題になりそうなことをうまく解決したことがなかったでしょうか？

私たちが最も効果的に学習する、つまり、真の学習が起こるのは、自身の体験を考察し、すでに定着した概念と関連づけ、それに基づいて新しい行動を選び実行するときです。

私たちの行動はリフレクションや、あらゆる経験から引き出した結果によって変化します。そして、今までとは異なる行動が新たな体験をもたらし、サイクルが再スタートします。

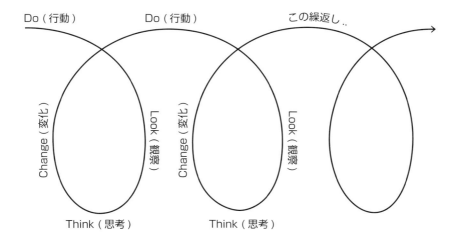

図6.3 学習スパイラル（循環）

それらは図 6.3 にあるように、「Do（行動）」：何かをする、「Look（観察）」：起こったことを見る、「Think（思考）」：意味を推測する、「Change（変化）」：新たな行動に進む、という学習のプロセスのステージを 1 つひとつ進んでいくため、このサイクルはスパイラルを描きます。

学習スタイル

学習効果が最も高まるのは、学習サイクルのすべての段階がプロセスとして統合されたときです。しかしながら、私たちはそれぞれ、サイクルのなかで好きな部分とそうではない部分を持っています。ある段階を不快に感じたり、スキップしたいと思うかもしれません。

コルブは認識可能な 4 つの学習スタイルについて述べています。これらのスタイルは、学習の方法に関する私たちの好みに基づいたものであり、学習サイクルの各段階とも一致します。

学習サイクル	学習スタイル
Do（行動）	ある人々は、自身の経験や活動、体験をとおして学ぶ
Look（観察）	ある人々は、経験に対する問い掛け、リフレクションをとおして学ぶ
Think（思考）	ある人々は、リフレクションによって新たな意味を生み出しながら学ぶ。「もし～～だったら……次は～～だ」
Change（変化）	ある人々は、理論を実際的なやり方に適用することで学ぶ

学習スタイルには他にも考え方がいくつもあります。おそらく最も知られているのは VAK（Visual: 視覚、Auditory: 聴覚、Kinaesthetic: 体感覚）でしょう。

この他にも4章で取り上げた、相手にとって最適な学習スタイルを予想するための、パーソナリティータイプとコンタクト・ドアの考え方もあります。

興味深いことに、最近の研究では学習スタイルを考慮したトレーニングを行ったとしても、学習結果に差がないことが明らかになっています。とはいえ、学習スタイルを考慮することで、学び手は学習プロセスを楽しみ、モチベーションにも違いが出るでしょう。

ディスカウント、問題解決、そして科学者であること

学習スタイルの重要性をリフレクションすることで、たくさんの異なるシチュエーションで「適応プロセス」を見いだすことができます。それらには問題解決、科学的研究、創造性などに加えて、人生脚本の形成も含まれます。人生脚本とは自分と他者について説明するために、自分自身が作りあげるその人固有のストーリーと言えるでしょう。私たちはこれを、一生続く学習プロセスの一部とみなすことができます。

日々の生活で、私たちは一瞬ごとに注目する対象を選択しています（そのほとんどが無意識で、意識的な選択は一部のみです）。その結果、何かを無視したり、やり過ごしたりすることがあり、時折そこには自分にとって重要なデータが含まれていることがあります。これは「アカウンティング（価値を認めること）」の真逆の働きで「ディスカウント」と呼ばれ、このディスカウントはさまざまなレベルで起こります。

人は状況をディスカウントします：

ある女性は、スーパーバイジーとして過去3回参加したグループスーパービジョンで、発言する時間を求めたり、他のメンバーにフィードバックを与えたりすることを避けていました。そして、そのことについて指

摘されたとき、「私も（その事実は）認めます。でも、それはとるに足らないことです」と言いました。彼女は自分にも意見があることは認めていながら、その重要性をディスカウントしているのです。

　話す機会が与えられたとしても、彼女は首を横に振るでしょう。それは、参加するという選択肢があることをディスカウントしているのかもしれません。首を振ったあと、彼女はこう言うのです。「何を話せばよいか考えられません」。これは、自分自身の能力のディスカウントです。

「代替案」を出すことは「アカウンティング（価値がある）」、もしくは「問題解決」として知られています：

　彼女自身に引きこもり（積極的に参加していない状況）に気づいてもらい、他のグループでも同じように振るまっていないかを意識するように提案し、それをやっていることにどんな意味があるのか、考えさせます。そして、「毎回、何かコメントを言う」というような選択肢にチャレンジすることを勧めるなどで、コーチは彼女の自分自身やグループに対する見方を変えることができます。

　必要とするサポートと理解を得られたら、彼女自身が探求をさらに深めようとするかもしれません。

　私たちはひじょうに幼い頃から、こうした問題解決に向けた試行錯誤を繰り返して成長しています。それこそ、生まれたその日から始まっていると言えるほどです。赤ちゃん、幼児、小さな子どもたちはあたかも小さな科学者のように、何かを試し、何が起こったかを見てさらに試します。

　幼い頃の私たちがすることは、ほとんどすべてが間違っていたのではないでしょうか。当時の私たちは適切な情報を十分に持っていなかったせいもありますが、何よりも、過ちは学びと成長の過程で切り離すことができないのです。幼い私たちは科学者がそうするように、世界についての「理論」を作りあげます。

それを現実でテストし、どこが間違っていたかを理解することで、次はどのように修正するか決定します。何かに着目することで新たな「理論」を生み出し、それを試すことで、何が起こるのか理解しようとするのです。

　これは教育的であるとともに、楽しいことでもあります。現実の世界を確かめるための遊びのようなものです。この楽しい活動をするために、私たちは大人になってからも、きっと間違いを犯すであろう不確かな領域を探求しようとします。それは、新たなキャリアをスタートすることや、自分の気づかない領域を探るためにスーパービジョンを受けようとすることにつながるのかもしれません。

ズールの転換ラインと脳

　近年になって、この学習モデルは神経科学の分野からさらに明らかにされました。認知科学の教授であるジェームス・ズール（James Zull）は、その知識と興味から、所属する大学において教育改善プロジェクトを立ち上げました。彼のすばらしい業績は、学習の各段階でどの部分の脳が働くのかについて学習サイクルのマップ（図6.4）上で説明したことです。ここでその詳細を紹介することはできませんが、注目すべき2つのポイントがあります。

　学びを自分の知識とするためには、学習サイクル上のリフレクションと抽象的仮説（概念化）の間に転換ラインがあると、ズールは仮定しました。転換ラインは、振り返りの意味づけによって新しいものを作るところです。そしてここは、情報を受け取って蓄積することで、自分なりのユニークな使い方を編み出すための働きをする脳の特定領域を指します（ひとことで言うと、大脳皮質の後頭葉から前頭葉にかけての部分です）。

　また、ズールは「自分自身の理解を理解するプロセス」として「メタ認知」という概念の活用を提唱し、深い学びにとって不可欠だとしています。一部の人々はこれを「メンタライジング」とも呼んでいました。メンタライジングは、自分自

身や他者の行動や考え方、感じ方を理解するための抽象化やメタファー（比喩）です。

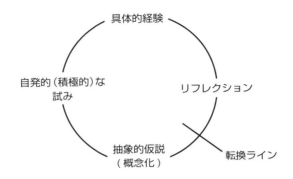

図6.4 変革のための学習サイクル

学習環境を整える

　行動的、意識的に学習に取り組むことで、その体験は発見と喜びに満ちた心地よいものとなります。このような「真の学習」は、体のなかでエンドルフィンの分泌をうながし、私たちは最高の気分を味わうことができます。そして、それをさらに求めるようになるのです。

　「可もなく不可もない学習体験」あるいは「まずまずの学習体験」と、こうした（重要性を見いだし、統一感や解放感などを感じることができ、エンドルフィンを分泌させるような）心地よい学習体験との間にはどのような違いがあるのでしょうか？

　私たちはすでに、心地よい学習体験に必要なものをすべて知っています。

　　◇ 心理的レベルに配慮した明確なコントラクト
　　◇ 挑戦とサポートのバランスが保たれた安全な空間

◇ すべての自我状態が機能すること

　◇ 体験とリフレクション、理論と実践のバランスがとれていること

の４点です。うまくいくセッションと、うまくいかない（時には破滅的な）セッションの違いをすでにわかっているのです。

　私たちは時折、セッションのなかで独特な感覚を共有することがあります。それはなんとも表現しがたいものですが、関係しているすべての人々に真の学びが起こり、何かが変化したことを全員が理解するのです。

　ここ数年、だれかが私に「これまでで最高の学びでした」と伝えてくれたとき、または真の学びがあったセッションだと気づいたときは、私はその人になぜそう思うのかを質問するようにしています。もしも、その場ですぐに答えが出なくても、それについて考え、できる限りそれを書き留めるようお願いしてきました。

　私は最近まで、特定の分野における成人学習に関して、何が最も効果的かを調査する研究プロジェクトに参加していました。その調査の一環として、感情的発達と相互交流に関する特別プログラムを受講した卒業生グループを追跡調査するという活動がありました。

　追跡調査を行った３つのグループにはいくつかの共通点がありました。

　◇ 若い人たちのグループは、彼らが中学校から高校に進んだタイミングで調査が行われました。進学に関して、彼らが最も重視した要素は友人関係でした。高校に友人がいること、進学して学校が変わり友人を失うこと、そして、新たな友人を作ること。こうした要素が、教師や学校よりも重視されていました。

　◇ 成人グループは、グループのメンバーと一緒にいることでサポートと刺激

を得たと感じ、全員が「スーパーバイザーとの関係性が自分の成長のカギであった」と述べました。

◇ トレーニングコースの参加者であるコーチのグループは、十分な能力と共同創造のスキルを備え、個人としても専門家としても適切に責任を果たし、すべてのトレーニングに熱心に参加することで自分の体験を分析した人々でした。彼らのグループでは学習サイクルが加速しており、消極的になる余地はもちろん、コンフォートゾーン（現状に満足してしまっている状態）の心地よさに浸ることもありませんでした。

これらの結果は、グループ内の信頼関係をつくりだしたファシリテーターの決定的な役割と、効力、許可と保護のモデリングの有効性を証明していると思われます。

そこで見受けられた特筆すべき点は、彼らが「今、ここ」にいることであったり、快適な空間を保持していることであったり、偽りのない相互間のやりとりを行っていたり、1人ひとりが体感する「真の気づき」であったりしました。そして、共同創造という姿勢、透明性、成長をうながすことや力（パワー）といった肯定的な視点でした。

カール・ロジャーズ（Carl Rogers）は次のように述べています。

> 健康的な学習環境とは、受講者1人ひとりが別個の個人として独自の感情と経験を持つこと、そして、それらに自分自身の意味を見つけることへの許可の受容とケアが含まれる。
>
> —— カール・ロジャーズ（Carl Rogers）——

これは後に「無条件の肯定的関心」として知られるようになったものですが、

私は「受容とケア」と表現したいと思います。そして、これこそが、健康的で透明性があり、共同創造をもたらす学習のベースなのです。

ここで伝えたかったこと

　関係性とつながりが、学習の基盤です。私たちの成長や、人生を歩む方向の好み、あるいはキャリアの選択も、社会的環境下での相互の影響から派生していて、誰かに決められたり、プログラムされているわけではありません。学習とは知を産み出すプロセスであり、社会的知識と個人的知識とのやりとり（応酬）の結果として生じるもので、単なる情報の積み重ねではありません。つまり、人間は学習者であり、得た情報や体験に意味づけし、ストーリーを積み重ねることで自分の世界観をつくり出します。それらは人生の流れに多大な影響を与えているのです。

人生脚本とストーリー

人生を支配しているストーリーに対して力無き人々よ
それらを語りなおし、考えなおし、打ち破り、笑い飛ばし、
そして時の流れとともに変えていく力（パワー）を持て！
新たな考えを持つことができないと言うならば、
真の意味で無力である。

——— サルマン・ラシュディー（Salman Rushdie）———

ストーリーが世界を作る：

　子どもたちは言語の習得が進むにつれて、彼らの世界を説明するためのストーリーを言葉で語るためにメタファー（比喩）を発達させます。後に、私たちは

これらのストーリーを普遍的理論へと昇格させます。これが「心理的人生計画（人生脚本）」です。

　私たちは絶えず（現実への）注釈を語り続けています。それは過去に意味を与え、目の前の問題解決の青写真を作り、未来への予測となります。

　しかし、そのストーリーは1つだけではありません。私たちはいくつものストーリーを作り出し、そこに何人ものキャラクターを登場させてきました。

　それらの流れのなかで、私たちのだれもが、個人の景色に合わせるようにそれぞれのストーリーを小さくまとめてしまっているようです。それはまるで、私たちが幼児期に持っていた、たくさんの言語を聞いて再生する能力をいつの間にか制限し、（耳にしていた）1つか2つの言語に自分の言語スキルを合わせてしまったのと同じです。

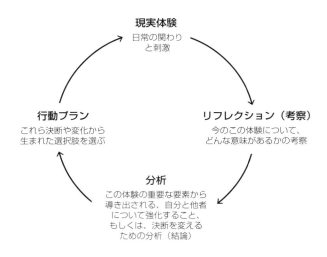

図6.5 人生脚本から見た学習サイクル

メタファーと言語はいっしょに発達します。この2つは私たちが成長しても（大人になっても）分けることができません。シンボル化する能力と言語を使用する能力がいっしょに始まり、成長してきたからです。

　ですから、あらゆる人が自分のストーリーを語ることができます。私たちは自分のカルチャーに合わせて、ストーリーの内容とその話す言語を選択します。もしも私たちの言語とカルチャーが、分離と断絶、客観性を重視するなら、そこで語られるストーリーもそうなるでしょう。あるいは、つながりと帰属（居場所、親密）に価値をおくカルチャーであれば、私たちのストーリーもそれを重視したものとなります。

　およそ3〜7歳頃になると私たちは、世界における自分自身や自分の居場所について意味を持つストーリーを作り始めます。このようなストーリー、もしくは人生脚本と呼ばれるものは、さらなる情報が集まったり、考えたり、重大な出来事や予期しなかった結果や、幼い頃の信念がリフレッシュするいくつかの事柄の影響によって柔軟に変化します。

　人によっては、作り上げたストーリーのなかに、その人の健康に深刻な影響を及ぼす決断が含まれていることがあるかもしれません。しかし、たとえそうであったとしても、そのストーリーのなかには小さな存在である自分自身の安全をできるだけ保ち、生存をうながすための戦略や信念が含まれており、自己意識と日々の社会的な関わりを可能にする適応力を与えています。

　図6.5に示した一連の学習体験という視点で、人生脚本の成り立ちをみることができます。学習サイクルは、自分自身と世界に対して、その人固有の理論を積み重ねるプロセスでもあります。科学者がそうするように、データを検討し、実験方法を考え、その仮説を検証していくのです。人生脚本とは私たちが作ったものですから、それを打ち破り、作りなおすこともできるはずです。ストーリーを言葉で表現することによって、私たちは現実を変えることができるのです。

人生脚本を作り上げた自分自身や、他者、世界に対する信念だけではなく、そこには学習に関係する信念も含まれています。それは、自分の能力についての信念（例えば、かしこい、にぶい、決断が早い、理解しない、学びとは苦労の果てに勝ち取るものだ、知識は力である等）や、他の人が自分をどのようなやり方でサポートしてくれるか、もしくはしてくれないのか、またはグループ内での学習の序列において自分をどこに位置づけるかといったアイデアを、メタファーとして取り込んでいるかもしれません。

　私たちは人と出会ってそれぞれのストーリーを交わすことで、それまでの自分にとっての自分自身、他者、世界の意味が変化し、成長し、課題に直面し、そして新しいストーリーとして進化していきます。これが「教え手」と「学び手」、つまり、スーパーバイザーとスーパーバイジー間の相互で人生脚本のストーリーが変化するようなプロセスになることを期待したいのです。

　学習と人生脚本が絡み合っているのだとしたら（私たちはそうだと確信しています）、すべての新たな学習の機会は新たなストーリーとなり、私たちが習慣的に繰り返している行動や思考、感情の表し方すら書き換える可能性を持っています。新しい理論や実際に行う演習、思考や感情の内的変化などは、意味づけを再創造することの結果から生まれるのです。

　ここで幼少期の決断を変更したコーチの体験をご紹介しましょう。その決断は自分自身と学び手としての能力に関するものでした。

　　ホープは文章を書くことが「できない」と思っていました。しかし、彼女がどうしても習得したいと思っているコースを修了するには、筆記レポートが必要だったのです。彼女は提出期限が迫ってくるまで、そのことについて考えないようにして過ごし、今は「その条件を満たすこと

ができない」と言っています。そこで、グループのなかで彼女の引っかかり（ブロック）を探求することになりました。ファシリテーターが「どんなことであればできるのか考えてみる？」と彼女に聞いたところ、彼女はレポートに書くことのアイデアはすでにあり、口頭であればそれを説明できると言いました。それに関する多少のやりとりのあと、彼女はグループの1人と面談し、その内容を録音することになりました。

その録音内容をレポート用紙に書き起こすことで、ホープは自分なりのやり方でレポートを書き終えることができました。それは、彼女が当初考えていたやり方ではありませんでしたが、彼女は無事に課題を終えることができました。

彼女は自分がじつは書くことを楽しんでいることや、もっと書きたいと思っていることにも気づきました。彼女は今も、書くことを楽しみ続けています。

スーパービジョンとは、ストーリーを変えることなのです。私たちがそれまで語ってきたストーリーだけでなく、語ってこなかったストーリーも変えることができます。

スーパービジョンで学習サイクルを使う

スーパービジョン・セッションとは、スーパービジョンに持ち込まれた1つの事例が題材となり、リフレクション・プロセスが行われる公開討論会といえるでしょう。そこで行われるリフレクション・プロセスは、情報提供や質問提示、他の状況との比較であったり、個人のプロセスと感情体験の探求であったりといった、幅広い内容が含まれます。慣れ親しんだワークについて考え、新しい何かを探求する機会でもあります。

このような多角的な描写から新しい意味が現れ始め、実践と理論が出会う場

所となります。なぜなら、理論は体験を説明し、体験は理論を調整するチャンスとなるからです。

そして、こうしたディスカッションを通じてスーパーバイジーは未来に向けた新たなアクションプランを考え出し、それがクライアントとの新たな体験を導き、また、他のクライアントともそれに似た体験を生み出せるのです。

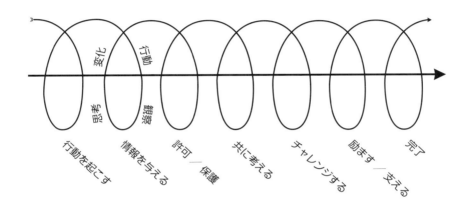

図 6.6 発達プロセス

コーチ・スーパーバイジーの発達は、図 6.6 で学習サイクルと関連づけることができます。この図は、5 章でご紹介した種々のスーパービジョンの実践段階と、コーチの自信と能力の成長とが一連の流れとして統合されています。学習サイクルはコーチの成長を可能にするツールですが、この図で示されているスパイラルになった学習サイクルは、実践から新たな情報を取り入れ、リフレクションと変化によってその内容を更新し続けることで、コントラクトの流れにも類似するものです。

ストーリーボード

　スーパービジョンのなかでストーリーを語ることは、繰り返し生じるブロックを解消する手段となるだけでなく、恐らくスーパーバイジーの信念がコーチングにどのように入り込んでいるかをも明らかにするでしょう。これからご紹介するエクササイズは、ムーリー・ラハド（Mooli Lahad）の研究をベースにしたものです。あなたのスーパービジョンでのパートナーシップ（協同・協力）を振り返るための、美しく、そして明朗なツールとなるでしょう。

　エクササイズでは9つの要素について検討します（A4の用紙を9マスに分割するとよいでしょう）。それぞれの領域を四角で囲むこともできますし、フリーハンドで文章を書き込むこともできます。両方を行っても構いません。おとぎ話の出だしと同じように、このエクササイズも全体の背景（ランドスケープ）から始めていきます。その後、背景のより細かい部分（設定、登場人物、困難の状況）に焦点を当て、解決策と学びによってエクササイズを終了します。

背景	設定	登場人物
全体的な状況は？	特別な状況やシチュエーションは？	物語の主要な人物、もしくはヒーロー／ヒロインは？
チャレンジ	**支援者**	**困難**
何が起こった？	誰がサポート、もしくは手伝ってくれる？	問題や八方塞がりの原因は？
解決策	**学び**	**未来（将来）**
どのように解決した？あるいは、解決する？	新しく得たもの、もしくは強化されたものは？	他のストーリーで使うために何を取り除くのか？

スーパービジョンの人生脚本システム

　スーパービジョンで展開する内的主観プロセスについて、シャーロット・シルズとマルコ・マゼッティが新しいモデルを開発しました。図 6.7 は1つの円を4つのステージに分割、構成したもので、その1つひとつが人生脚本の維持、行動の段階を示しています。これは、人生脚本がどのように機能するかを概観する「スナップショット」であると同時に、「今、ここ」で何が起こっているのかを理解するツールでもあります。

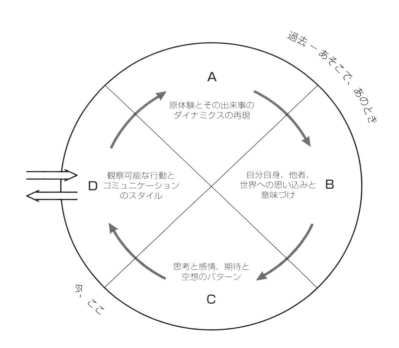

図 6.7 相対的スクリプトシステム (シルズ & マゼッティ, 2009 より一部改変)

A	現在の人間関係で明らかに繰り返されている過去の体験
B	私たちが創造した「世界とはこのようなものである」というストーリーと、そこから生み出し、今もつくり続けている意味づけ
C	私たちの意味づけから生じる思考と感情のパターン
D	そのパターンに基づいた、この世界での行動や振る舞い

　アンドリューの両親は、息子のアンドリューに大きな期待を寄せており、アンドリューは学業とスポーツで常に優秀な結果を残すことでその期待に応えていました（友人関係がしばしばその犠牲となっていました）。

　アンドリューは自分の経験を通じて、取り組んだことは必ず成功させなければならないこと、そして、自分が「優れた勝者」でなければ他の人から愛されず、認められないという意味づけを行いました。

　彼の思考と感情のパターンはその意味づけを反映したものとなり、それは彼のコーチングの仕事のやり方にも現れていました。彼はいつも自分のことをとびきり成功したコーチとして「売り込み」、スーパーバイザーとの関わりのなかでも、自分の活動における短所を認めることが難しいようでした。

スーパービジョンにおいても、コーチングにおいても、目に見える行動や振る舞いに着目し、そこから行動の原因となる思考と感情に対処します。

　アンドリューのスーパーバイザーは、彼がセッションで取り上げる課題にすごくよいときと、すごく悪いときのパターンがあることに気づいていました。彼は自分の成功体験をシェアしたがっていて、何らかの困難を抱えたクライアントに遭遇すると、ひどく落ち込むのでした。

スーパーバイザーである彼女は、アンドリューが十分な技術と能力を持っていることを知っていました。そのため、問題に対する彼の意気消沈した表情は、自分自身の価値に起因する人生脚本のビリーフが原因ではないかと推測しました。アンドリューが両親に対して感じていたように、彼は「スーパーバイザーに対して、自分には価値があることを明らかにしなければならない」と考えているのではないか？ 彼女は直感的にそう判断していました。

図 6.7 のダイアグラムをアンドリューとスーパーバイザーの 2 人分並べてみましょう。左側がスーパーバイザーで、右側がアンドリューです。それぞれの図は 45 度傾きを補正しており、左側の図は左右を反転させています。こうすることで、2 人の図が互いに向き合う形になりました（鏡に映った状況です）。
　Cはそれぞれの内面の思考と感情の領域であり、Dがそこから導き出される外的行動の領域です。

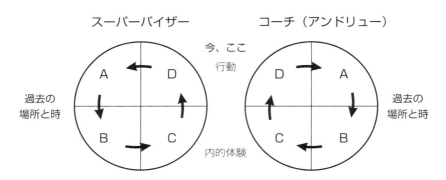

図 6.8 2つのサイクル

6 章　学習〜人生脚本とストーリー

図 6.8 のモデルは、「今、ここ」のスーパービジョンで起こっている事柄と、問題や制限を引き起こしているコーチの個人的問題との境界を明確にすることができます。それがこのモデルの利点の1つです。

　原則として、AとBの領域は基本的にセラピーで取り扱う内容です。でも、常にそうでしょうか？　効果的なスーパービジョンには内的体験への気づきは重要です。本書では、スーパーバイザーとして自分自身を信じる力（パワー）を活用することの重要性について述べてきました。スーパーバイザーの内的体験への気づきは、スーパービジョンにおいて効果的な助けとなります。何かがおかしいという感覚や感情の動きに気づくことは、何が起こっているのかを見極める重要な手がかりとなります。

　　アンドリューのスーパーバイザーは、彼が「スーパーバイザーに対して自分には価値があることを明らかにしなければならない」と考えているのではないか、ということをアンドリューに直接たずねました。彼の意見を聞いてみたところ、彼は自分の繰り返しているパターンに気づくことができました。その気づきから、彼自身と自分の仕事に対する新たな認知を得るための方法をオープンに探求できるようになったのです。

　次ページの図 6.9 は「リレーショナル・フィールド」を図示したものです。これはスーパーバイザーとスーパーバイジーの間で発生する学習の内的かつ主観的な体験をイメージ化したものです。リレーショナル・フィールドは「古い」意味づけに気づき、それを変更、修正するという相互学習が起こる場です。

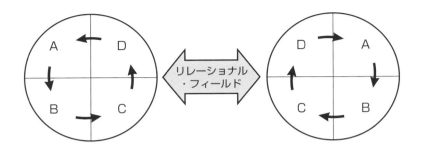

図6.9 リレーショナル・フィールド

このモデルは以下のいくつかの目的に利用できます。

◇ **スーパービジョンとセラピーの境界を明確にする**

アンドリューへの働きかけを一定期間行ったにも関わらず、それが効果的でないと思われる場合、スーパーバイザーはものごとの達成にこだわる彼のパターンについて、カウンセリングやセラピーを受けることを提案するかもしれません。

◇ **新たなストーリーの創造をうながす**

スーパーバイザーはこれまでに聞いたことがある異なる体験を提供し、（課題のストーリーの）他の選択肢を探ってみることをアンドリューに提案することもできます。

◇ **異なる視点の提供：スーパーバイザー自身の潜在的盲点に注意を払う**

アンドリューが（チャレンジングな）困難を抱えているスーパーバイジーであると見抜いた自分は、スーパーバイザーとしての成功を求めているという

自分の潜在的盲点に注意を払います。

リレーショナル・フィールドの視点の発展的活用としては次のようなものがあります。

コーチの成長に伴い、彼らのコーチとしてのアイデンティティーも変化し、成長していきます。そして、同じことがスーパーバイザーにも起こります。このことは、図6.8、図6.9からも想像できるでしょう。コーチとスーパーバイザーはいずれも、Bの領域で意味づけを「やり直し」ます。「やり直し」は、過去と現在の体験から紡ぎ出された新しい解釈が、新しい決断や行動を導き出すというイメージです。

新しいことや変化への拡がり、そして新たな思考と感情に向かっての動きが、ズールが提唱した「転換ライン」（216ページ図6.4）に対応します。あるいはTA用語では「人生脚本の一部書き換え」で、それはおそらくコーチとスーパーバイザーの双方に生じることです。

私たちそれぞれが外部に見せる行動と内的思考のパターンをとおして、互いに接触すると考えるリレーショナル・フィールドは、私たちの個人的な意味づけを変換し、ものごとを新たな視点で見せてくれます。

リレーショナル・ラーニング（関係性学習）とは、関係者相互の変化や成長による新しい関わりのなかでの学習をイメージしたものです。

スーパービジョンの目的

　スーパービジョンの目的とは、スーパーバイジーとスーパーバイザーが共に意識している能力の獲得と、さらに高度な実践を継続的に進展させることです。その核心に、スーパービジョンには「学習に対する責任」という側面があります。これは、スーパーバイザーとスーパーバイジーの双方が果たす責任です。そして、その学びの責任の範囲はそれぞれが所属するシステム（環境、職場など）にまで及ぶかもしれません。

　好奇心、オープンであること、探究心という環境的要素が学習の強い支えとなります。そしてスーパーバイザーが具体的に表現したり、ポジティブなロールモデルであったり、自分自身とスーパーバイジーとの間でも、あらゆるシステムに対しても尊敬と平等さの感覚を持つことが重要となります。

　スーパービジョンとは、スーパーバイザーとスーパーバイジーが学習、成長、サポートの意図を持ち、オープンかつ平等で、責任感のある人間関係のなかでの対話をベースとしたコントラクトに基づく学習プロセスです。

　学習と成長は、自分自身の体験を振り返ったり、グループのなかでの出来事をシェアしたり、平等、尊敬、好奇心のある環境で、メンタリングのなかでの知識の伝達を通じて成し遂げられます。

　スーパービジョンは、スーパーバイジーとスーパーバイザーの実践家としての継続的な専門性の発達と、最終的にはスーパーバイジーとスーパーバイザーの双方の思考の質と手腕の質の向上に焦点を合わせます。

クレイナ・シュナイアー（Creina Schneier）

ストーリーを語る

この章の初めにある「学習を振り返る」のエクササイズを思い出してください。

この章であなたが何を読んできたのかを思い出しながら、その内容は、あなたの人生脚本とどのようなつながりがあるのか、ぜひ、ご自身にたずねてみてください。あなたはスーパービジョンやその他の人生経験によって、そのストーリーをどのように変更、もしくは修正してきたのでしょうか?

そのための方法として、短いストーリーに変えてみたり、そのストーリーについて自分にとっての意味を書き出してみたり、ストーリーボードを作ってみたり、もしくは、タクタイル・イマーゴによって状況や変化を図式化し、視覚化してみてもよいでしょう。

終わり、そしてセレブレーション
(ポジティブな気持ちで終わる)

スーパービジョンの地図とともに歩んだ、探求と体験の冒険も終わりに近づいてきました。

◇ あなたの学びをどのように復習(再確認)しますか?

◇ あなたにとってその学びは自分自身とどうつながりましたか?

◇ あなたにとってよかったことは何ですか?

◇ 新しく始めたいことがありますか?

◇ あなたのストーリーを誰と分かち合いたいですか?

自分の世界について語ることの偉大なるメリットは、よりよいアイデア
で豊かになったり、さらなる可能性を発見したり……そしておそらく、よ
りよい人間関係に恵まれたストーリーへと実現化できることです。

キャスリン・シュルツ（Kathlyn Schulz）

Notes and Resources

◆ 経験学習と学習サイクルが現代の私たちに馴染み深い形で提示されたのは1980年代、デイビット・コルブによる記述が始まりです。これらは多くの成人教育やトレーニングコースのベースとなっただけでなく、従来の学校教育モデルである「情報提供」への偏りに対してのバランスを取るモデルとしても支持されるようになりました。コルブのモデルでは当初より、経験の転換による知識の創造としての学習スタイルと職業選択、学びと適応プロセスについての心理学など、重要なテーマについて取り上げられています。

◆ 'Psychological Life-plans and the Learning Cycle'(Newton 2006) では、人生脚本の形成がどのように学習サイクルと関係するのかについて探求しています。その関係は以下のように要約できます。

　○ 人生脚本が形成、強化、更新される過程は、人生のストーリーを常に再創造し続けているという点で学習サイクルの循環とみなすことができる。

　○ 学習サイクルは、幼少期の学習と、幼少期／幼児期における人生脚本の形成について理解するモデルを提供している。

　○ 学習サイクルは、生涯を通じて行われる人生脚本の更新と変更について理解するモデルも提供している。

　○ 人生脚本の形成は、恒常的かつ避けることができないプロセスで、人間の現実適応の一部である。

　○（人生脚本の）構成、破壊、再構成は、体験のリフレクション、概念化、そして新しい体験という観点で理解できる。

◆ ジェームス・ズールは教授を務めていたアメリカの大学で学生たちの学習と指導を改

善するプロジェクトに携わり、そのなかで脳神経科学と学習方法に関する研究を始めました。ズールの「学習のプロセスは脳の活動をベースとしている」という考え方は、その後の脳神経科学と学習に関する研究によって支持するエビデンスが提示されています。

◆ スーパービジョンで「今、ここ」と「過去の場所と時」という側面をモデル化する方法（図6.8）は、シャーロット・シルズとマルコ・マゼッティの業績によるものです。このモデルはコーチングにおける関係性を分析するために用いることもできます。彼らの目的はこのモデルによってリレーショナル・フィールドと、個人の人生脚本とスーパービジョンにおける内面的かつ主観的な体験のつながりを視覚化し、その影響を提供することでした。

◆ 学習イマーゴのダイアグラムは "Tactics"（Napper&Newton 著）からの引用です。"Tactics" セクション1では、指導と学習のフィロソフィーを見つけるための6つの方法を検討しています。

◆ この章の冒頭に挙げた物語はピーター・レイノルズ（Peter Reynolds）著 "The Dot" からの引用です。

◆ トレーニンググループへの質問から得られた発見については、カレン・プラット（Karen Pratt）と南アフリカトレーニンググループによる 2009 年公開の記事に掲載されています。

◆「再記述する」ことで現実を変えるというアイデアはドン・キューピット（Don Cupitt）の業績、特に倫理に関する彼の著作に由来します。

236　**6**章　学習〜人生脚本とストーリー

◆ カルフォルニア州バークレーのアリソン・ゴプニク（Alison Gopnik）と彼女の同僚たちは、赤ちゃんが体験し、そして結果から学ぶ赤ちゃんのことを「小さな科学者」だと述べています。彼らの "The Scientist in the Crib"（邦題『0歳児の「脳力」はここまで伸びる』）はとても読みやすく魅力的な書籍であり、幼児の能力開発に大きく貢献しました。

◆ 体験的学習の分野においてパウロ・フレイレ、カール・ロジャーズと、ジャック・メジローは重要な思想家です。フレイレとロジャーズは60年代から70年代の同時期に「学習者（学び手）」という概念を創出しました。これは実体（教える内容）ではなく、むしろ学び方にフォーカスし、教師（教え手）は単に知識を分け与える存在（分配者）ではなく、学びが起こる環境を作り出す存在とみなしました。また、メジローは、トランスフォーマティブ・ラーニング（変容を促す学習：変形学習）に関する理論のなかで、「自己変容」には心理的次元が関与すると言っています。

◆ 人間の行動に関する多角的な描写とは、実際の行動だけでなく、その行動の背景を含めて説明することを意味します。これによって、状況をまったく知らない人（部外者）でもその行動について理解することが可能となります。

◆ スーパーバイジーの創造力を高める、あるいはスーパーバイジーや彼らのクライアントに対してセラピー的なプロセスを実施するうえで、ムーリー・ラハドは「右脳」を使うアイデアやストーリーを語ること、スケッチ、手紙を書くなどを推奨しています。

◆ 本章末の引用は、キャスリン・シュルツ著 "Being Wrong" からです。彼女が呼んでいる「メタ・ミステーク（「間違うこと」についての間違った理解）」というのは、「間違いを避けようとすることが間違い」だと気づくことです。学習の際にそのことを知って

おくことはとても重要だと彼女は言っています。

◆ 昨年の夏、トゥルーディはスペインのビルバオにあるグッゲンハイム美術館を訪れて、鋳鉄で作られた波、螺旋、貝殻を模した巨大な作品の間を歩き、そこから彼女はインスピレーションを得ました。それは、神秘と変化につながる何かを呼び覚まし、同時に魅力と不安を兼ね備えたもののようでした。

次の1節はその作品に添えられたアーティストの言葉です：

The matter of time（時間の問題）

　この作品の意味は、見る人の動きのリズムによって目覚め、動き出します。連続した動きや、期待と観察、そして回想をとおしてのみ、意味が生まれます。ここには決められた見方、見るべき方向や順序があるわけではありませんが、それぞれの人が違った空間を描き出すことによって初めて意味がもたらされるのです。

　個人の経験には無限の広がりがありますが、それらすべては時間のなかで生じます。この時間とは、いわゆる実際の「時刻」とは異なるものです。この彫刻体験での認識、美的、感情的、心理的な時間は、現実の時間とはまったく異なるものです。それは筋書きもなく、不連続で、断片的で、中心もなく、混乱させるものでしょう。

リチャード・セラ（Richard Serra）

References

Cupitt, D. 1988, The New Christian Ethics. London: SCM Press

Freire, P. and Ramos, M. 1996, Pedagogy of the Oppressed, (2nd ed, rev). London: Penguin Education

Gopnik, A., Kuhl, P. and Meltzoff, A. 2001, How babies think: the science of childhood. Phoenix

Kolb, D. 1984, Experiential learning: experience as the source of learning and development Englewood Cliffs: Prentice Hall

Lahad, M. 2000, Creative Supervision: the use of expressive arts methods in supervision and self-supervision. London: Jessica Kingsley

Mezirow, J. 2000, Learning as Transformation. San Francisco: Jossey Bass

Newton, T. 2006, Script, Psychological Life-plans and the Learning Cycle. TAJ 36

Pratt, K. 2009, Creating conditions for the optimal functioning of Kolb's learning cycle. Institute of Developmental Transactional Analysis Newsletter 4:2 (available on www.instdta.org)

Reynolds, P. 2003, The Dot. Walker Books

Rogers, C. 1978, Carl Rogers on Personal Power. London: Constable

Schulz, K. Being Wrong: Adventures in the margin of error. London: Portobello

Sills, C. and Mazzetti, M. 2009, The comparative script system: a tool for developing supervisors. TAJ 39:4

Zull, J. 2002, The Art of Changing the Brain. Stylus

謝辞

　私たちは、一緒にワークをしてきたグループから想像を超えるたくさんのことを学びました。発見したことや体験したことの意味を語り合い、私たちが見たものや周囲が教えてくれたことに対してどう展開するか考え続けてきました。これらのフィードバックへの回答として、この本の出版を考えました。まずは本書を手に取ってくださったあなたへの「ありがとう！」、そして、私たちの生徒すべてに感謝を捧げます。

　次に、コーチング・デベロップメント社のコリン・ブレットに謝意をお伝えしたいです。彼は私たちを 2005 年と 2006 年にアイルランドで行われたサマースクールに招待してくれました。それは、コーチング・デベロップメント社のコーチトレーニングをサポートするメンターたちの集まりでした。彼らは「スーパービジョンとは何か」について明確なビジョンを持ち、スーパービジョンの経験もあり、コーチングの専門家を育てる意思のある人たちでした。また、コーチング・デベロップメント社のフィリップ・ブリュー（Philip Brew）は、コリンと共にサマースクール開催のための予算を捻出し、後にスーパーバイザートレーニングコース確立のためのサポートやプロモーションを引き受けてくださいました。ここに改めて感謝いたします。

　また、本書のために私たちがお貸りしたり、進展させたり、加えたりさせていただいた資料がたくさんあります。ありがとうございました。なかでもダイアナ・シュムクラー、ジュリー・ヘイ、シャーロット・シルズ、ジェームス・ズール、アリステア・ニー、パトリック・ホブズ、クレイナ・シュナイナーに謝意を表します。

そして、できあがった原稿を読み、ディスカッションを重ねてくださったすべての皆様に、特にデルシー・バーンズ（Delscey Burns）とデイビッド・ニュートン（David Newton）に感謝。デイビッドには本書のデザインとビジョンについてのサポートをしてもらいました。ありがとう。ハーベイズ社のデイビッド・パーク（David Park）とシュワルズ社のシャーロン（Sharon）には本書の出版というクレイジーなアイデアにお付き合いいただき、本当にありがとうございました！

Hilary Cochrane & Trudi Newton　2011 年 10 月

訳者 謝辞

　本書が出版できるまでに関わっていただいた皆様に心から感謝いたします。
私が原書に出会い、自分の将来像、人生が変わった喜びを周囲と分かち合いたいと思い、それが実現できたことは、言葉には言い尽くせない喜びです。
　そんなときに引いた TA ハッピーカードがこれでした。

ステージ8成人後期
キーワード：感謝
メッセージ：あなたは幸せを感じ、その幸せを
　　　　　　周囲と分かち合うことができます。

　原書の翻訳を快く承諾し、たくさんの問いかけにも温かくご対応いただいた Hilary と Trudi に深く感謝します。
　翻訳をお手伝いいただき、私のモチベーションをあげてくださった山崎直仁氏、編集に多大な時間をかけてくださった浦谷さおり・内山さとみ両氏、下訳段階時にプレ・セミナーに参加していただき、感想をくださったセミナー受講者の方々、「出版はいつ？」とお声がけをくださった方々、ほんとうに、ありがとうございました！　おかげさまでやっとお手元に届ける日がまいりました。

　たくさんの方々の想いがこもった本書が、皆様のお手元で、お役に立つことを願ってやみません。

　　　　　　　　　　　訳者　あべともこ（安部朋子）　2018 年 10 月

<索引>

あ

アクションラーニング　208
アクションリサーチ　52,135,208
アセスメント　132,195,196,200
アダルト　21,45,79,98,106,119,120,133
アプリシエイティブ・インクワイアリー　117
アリステア・ニー Nee,Alistair　136,147,240
アリソン・ゴプニク Gopnik,Alison　237,239
イアン・スチュワート Stewart,Ian　148,150
一時停止　172
イマーゴ　52,115,134,177,179,182,185,201,205,
　　　　207
——グループ・イマーゴ　179,180,181
——事前グループ・イマーゴ　182
——順応するグループ・イマーゴ　184
——機能するグループ・イマーゴ　185
——再順応するグループ・イマーゴ　186
今、ここ
　　　　21,92,121,132,138,218,226,228,229,236
International Coaching Federation (ICF)
国際コーチング連盟　84,111,132,150,248
引力　107
ヴァン・ジョインズ Joines,Vann　148,150
VAK (Visual: 視覚、Auditory: 聴覚 Kinaesthetic:
体感覚)　212
エイシー・チョイ Choy,Acey　149
ＮＬＰ (神経言語プログラミング)　20,26,117
エリック・バーン Berne,Eric
　　　　21,45,54,55,78,79,200,201,202

ＯＫ　21,22,25,29,60,68,74,76,104,117,118,124,
　　　　125,149,157,159,173,183,184,187
思い込み　25,40,66,116,117,124,125,205,226
愚か者　33
終わらせ方　187,189,190

か

カール・ロジャーズ Rogers,Carl　218,237,239
開示　91,94
概念　85,87,210,211,215,216,235
カウンセリング 23,84,94,95,106,111,115,161,230
科学者　213,214,221,237
学習イマーゴ　205,236
学習環境　47,216,218
学習サイクル　49,52,115,135,210,212,215,216,
　　　　218,220,221,223,224,235
学習スタイル　65,206,212,213,235
学習スパイラル　211
学習プロセス　195,206,213,236,232
形・触覚・配置　175
価値観　17,30,71,85,87,88,89,90,91,103,104,109,
　　　　110,118,131,185
カデゥーシン Kadushin,Alfred
　　　　37,39,45,46,53,55
カレン・プラット Pratt,Karen　236,239
関係性　16,19,20,21,23,24,47,48,59,63,69,72,
　　　　74,75,82,92,93,98,104,106,107,110,
　　　　117,118,119,120,122,125,126,136,137,
　　　　138,142,147,148,153,159,164,165,176,
　　　　181,185,189,190,204,205,218,219,231,
　　　　236
関係性アプローチ　30

管理　37,38,39,46

Key Issue（核心の問題）
　　　　　76,105,132,139,147,159,160,208

飢餓　45, 46, 54

傷つきやすい人　123,124

犠牲者　71,122,123,149

規範　39,46,53

脚本理論　30,110

キャスリン・シュルツ Schulz,Kathryn
　　　　　　　　　　　　234,237, 239

キャパシティー　110

救助者　82,122,123,124,130,149,172

境界／バウンダリー　21,40,42,43,52,74,75,94,
　　　　　　　　96,99,100,101,104,146,
　　　　　　　　196,229,230

境界線　30,88,94,95,96,191

共感（的）　19,20,27,40,44,76,89,104,119,127,
　　　　　　160

許可　99,105,187,218,224

記録　60,92,93,94

クライアント　17,19,21,23,29,40,41,42,47,59,
　　　　　　66,67,69,72,73,76,90,91,103,107,
　　　　　　136,137,138,139

クライアント・リスト　157

グループ・イマーゴ　179,180,181

――事前グループ・イマーゴ　182

――順応するグループ・イマーゴ　184

――機能するグループ・イマーゴ　185

――再順応するグループ・イマーゴ　186

グループ・スーパービジョン　53,99,167,169,
　　　　　　　　　　　　173,174,181,190,
　　　　　　　　　　　　192

グレートパワー　67,70,71

（心理）ゲーム　29,45,54,122,123,124,125,130,
　　　　　　166,173,180,187

ケアする人　123,124

経験学習　207,210,235

経験学習サイクル　135,210

ケイパビリティー　110

ケミストリー・ミーティング　107

原則　30,87,88,89,90,91,93,99,103,109,118,229

権力構図　71

コ・クリエーション（共同創造）　48,51,52,75,
　　　　　　　　97,104,115,124,161,197,
　　　　　　　　207,218,219

構造　17,19,45,46,54,60,66,73,74,131,133

構造の欲求　45,54

行動のガイドライン　90

個人的構成概念理論　85

個人的構成心理学　110

個人の価値観　85,88

コラボレーション　48,51,136,161

コンストラクティブスタイル　125

コンステレーション　176

コンセントリック・コントラクト　74,75

コンタクト・ドア
　　　　　　115,141,142,143,144,145,148,213

コントラクト　17,19,21,27,29,30,40,43,52,59,
　　　　　　60,61,62,63,64,66,67,68,69,70,71,72,73,74,
　　　　　　75,76,77,78,79,83,88,91,92,94,96,97,98,99,
　　　　　　100,101,104,105,106,107,115,118,119,124,132,
　　　　　　139,140,146,147,152,153,154,155,159,160,161,
　　　　　　162,167,168,169,170,173,182,183,189,191,192,
　　　　　　197,198,216,224,232

コントラクティング　66,155,162

コンバージェント（収束）・プロセス
52,115,136,139

コンピテンシー　110

コンピテンシー・カーブ　115,127,129,148

コンプライアンス　47,48,51

根本的欲求　45,46

さ

サールズ Searles,Hubert　163,200,202

サイコロジカルコントラクト　62,64,68,75,76

サジェッション（提案）サークル　170

サポート（支援）　21,22,23,28,37,38,40,42,43,
44,47,50,52,76,82,84,96,97,
105,130,145,152,165,192,198,
206,225,232

サルマン・ラシュディー Rushdie,Salman 219

シェアリング　90,171

ジェンダー　106,107

自我状態　107,119,120,121,122,186,217

刺激　21,22,45,46,138,217

刺激の欲求　45,54

シャーロット・シルズ Sills,Charlotte
147,150,226,236,239,240

ジャック・メジロー Mezirow,Jack
207,237,239

ジャッジ　195

収束（コンバージェント）・プロセス
52,115,136,139

守秘義務　93,100,104,183,190

ジュリー・ヘイ Hay,Julie
127,148,164,200,202,240

ジョージ・ケリー Kelly,George　85,87,110,112

上位概念　87

勝者のトライアングル　122,123,124,149,167

ショウヘット Shohet,Robin　136,147,150,200

承認の欲求　45,54

自律　118,129,161,181,199

自律性　18,63,160

ジレンマ　19,94,109,119,175,207

（脳）神経科学　30,204,215,236

信条　116,117

人生脚本　45,124,125,135,204,213,219,220,221,
222,226,228,231,233,235,236

信念　21,25,30,62,83,84,85,87,88,93,109,116,
117,118,119,124,193,205,221,222,225

親密　105,221

心理的距離　70,176

心理的レベル　63,67,74,78,105,106,216

スカルプティング　176

スーパーバイザー　19,23,24,25,29,36,38,41,47,
49,59,61,67,68,69,70,71,72,73,74,76,
82,83,84,90,91,92,94,96,99,100,101,
102,103,104,105,106,114,115,117,121,
124,125,126,128,129,132,136,138,145,
146,148,154,155,156,157,158,160,161,
163,167,169,181,182,183,185,186,192,
194,195,200

スーパーバイザーのスーパービジョン　192

スーパーバイザーの役割　126,132,193,196,197

スーパーバイジー　19,24,29,36,39,40,41,42,
47,49,60,61,62,63,64,65,66,68,69,
70,71,74,76,83,84,87,91,135,144,
159,197,200,204,232

スーパービジョン・トライアングル　29,37,38,
　　　39,47,54,103,104,115,132,145,165,192
スーパービジョンの3つの機能　37,39,76,116
スティーブ・カープマン　Karpman,Steve
　　　　　　　　　　　　　　　149,150
ストーリー　52,109,122,124,125,134,135,188,193,
　　　194,204,207,213,219,220,221,222,
　　　223,225,227,230,233,234,235,237
ストーリーボード　225,233
ストローク　29,45,54,122,157,170,187
スミス　Smith,Nick　54,55,110,112
スリーコーナード・コントラクト
　　　　　　　　　　　52,67,68,71,152
ズール（ジェームズ・ズール）Zull,James
　　　　　　　　　215,231,235,236,239,240
脆弱性　194
セクシャリティー　106,107
説明責任　18,27,39,40,46,49,104
セブン・アイ・モデル
　　　　　49,115,136,147,164,174,192,200
セラピー　23,33,94,96,106,115,160,161,201,229,
　　　230
セルフ・スーパービジョン　157,158,164,199
セレブレーション　233
ソーシャル（社会的、管理的）コントラクト
　　　　　　　　　　60,62,63,66,68
相互学習　90,162,229
相対的スクリプトシステム　226
組織（組織内）　18,29,31,40,46,47,53,58,66,
　　　67,68,69,71,72,73,74,78,84,87,90,101,
　　　104,116,126,133,134,138,140,141,153,
　　　163,176,180,182,190,196,201

組織内コーチ　101
組織文化　71,74,99,133,134
ソリューション・フォーカス　26,64,106,115,117

た

ターゲット・ドア　142
ダイアナ・シュムクラー　Shmukler,Diana
　　　　　　　　　　　　19,33,240
ダグ・ハンプソン　Hampson,Doug　179,201
タクタイル・イマーゴ　31,175,176,177,178,179,
　　　　　　　　　201,205,207,233
他者を否定せず、主張できる人　123,124
タックマン　Tuckman,Bruce　200,202
チーム　78,99,100,146,158
チェックリスト　49,76,78,103,104,115,132,147,
　　　　　　　　158,159,200
チャイルド　45,120,130,133
直観　92,105,114,119,121
ディスカウント　170,171,174,194,213,214
テイビー・ケイラー　Kahler,Taibi　148
ディビット・コルブ　Kolb,David
　　　　　　　　135,210,212,235,239
テクノロジカル　50,51,125,205,206
デベロップメント（発展）　37,38,40,42,44,47,
　　　51,76,96,97,105,135,145,152,159,165
デベロップメント・パースペクティブ　134,135
転換　39,41,46
転換ライン　215,216,231
統合版トライアングル　50,51
トゥルーディ・ニュートン　Newton,Trudi
　　　20,21,22,39,40,45,46,54,55,148,150,181,
　　　201,202,235,236,238,239,241,242

トラップ・ドア　142
ドラマ・トライアングル　49,52,107,115,122,123,
　　　　　129,149,164,166,167,195
トランザクショナル・アナリシス（TA）
　　　　　26,45,54,78,117
ドロシー・ロウ Rowe,Dorothy　110,112
ドン・キューピット Cupitt,Don　236,239

な

内的主観プロセス　226
ニーズ／飢餓　40,44,45,46,53,54,65,75,98,
　　　　　100,105,126,127,132,139
ネリー・ミショルト Micholt,Nelly　78,79

は

パーソナリティータイプ　115,141,213
パートナーシップ　61,64,125,225
パウロ・フレイレ Freire,Paulo　207,237,239
迫害者　71,122,123,124,149
発達の段階　115,126,148
バトン　173
パム・レヴィン Levin,Pam　148,150
パラレル・プロセス　47,66,76,105,115,130,131,
　　　　　136,139,156,159,160,162,163,164,
　　　　　166,167,172,175,192,200
パワーバランス　98
ＰＡＣモデル　119,121,133
ピーター・レイノルズ Reynolds,Peter
　　　　　236,239
ピア　173,192
ヒューマニスティック
　　　　　51,125,126,134,205,206

ビリーフ（信念、信条、思い込み）　46,62,66,
　　　　　67,116,117,158,193,194,195,228
ファニタ・イングリッシュ English,Fanita
　　　　　67,78,79
フィードバック　24,46,48,88,106,170,188,198
フィシス　117
フィル・ラプワース Lapworth,Phil　147,150
俯瞰的な視点（メタ・パースペクティブ）　26
フレームワーク（枠組み）　38,114
プロクター Proctor,Brigid　39,45,46,53,55
プロセス・レビュー　170,171
プロフェッショナル（専門的）コントラクト
　　　　　61,62,63,66,68
ペアレント　45,107,120,133,134
ペトリューシカ・クラークソン Clarkson,Petruska
　　　　　25,33,34,78,79,147,149,159,182,200,202
ホーキンス Hawkins,Peter　39,45,46,54,55,
　　　　　110,112,136,147,150,200
ポール・ウェア Ware,Paul　142,148,150
法的価値観　91
保護　76,104,131,159,160,183,218,224
ポジティブ心理学　26,117,207

ま

マイケル・キャロル Carroll,Michael　201,202
マジック（魔法）とパワー　16
マスター　25,33
マッピング　139,174
学びの関係　18
マネジメント（管理）　38,39,42,43,44,47,49,51,
　　　　　52,76,96,97,104,132,136,145,152,165,195
マネジメント・パースペクティブ　131

マリア・ギルバート Gilbert,Maria　201,202

マルコ・マゼッティ Marco,Mazzetti
　　　　　147,150,159,202,226,236,239

マルチ・パーティー・コントラクト（複数関係者間コントラクト）　67

マルチバラント・コントラクト　72,73

見習い　33

ムーリー・ラハド Lahad,Mooli　225,237,239

無条件の肯定的関心　195,218

メソッド　30,114,168,169,170,172,173,184

メタファー　78,118,172,216,219,221,222

メタ認識　102,104

メタ認知　215

メンタライジング　215

メンタリング
　　　24,26,84,94,97,98,104,111,161,232

問題解決　90,97,118,199,213,214,220

や

やりとり分析　122

養育　39,40,46,50

ら

ライフ・ストーリー　122

ラダーリング　85,86,87

ラディカル　51,205,206,207

リスニング・イン　173

リチャード・セラ Serra,Richard　238

リフレクション　158,163,164,200,208,209,211,
　　　　　212,213,215,217,223,224,235

リレー・スーパービジョン　175

リレーショナル・フィールド　229,230,231,236

リレーショナル・ラーニング（関係性学習）
　　　　　　　　　　　　204,231

倫理　18,30,51,52,53,74,81,82,83,90,96,97,
　　146,236

倫理観　17,38,48,74,82,84,85,87,118,131

倫理的　19,23,40,47,49,82,84,85,94,96,99,104,
　　109,138,152,190

倫理的基準　103

倫理規定　84,101,190,191

倫理規範　111

倫理的責任　96

レパートリー・グリッド　85, 巻末資料写真

ローズマリー・ナパー Napper,Rosemary
　　　　　54,55,148,150,181,201,202,236

ロールプレイ　174

ロジャー・スティアー Steare,Roger　110,112

ロボット　33

わ

枠組み　19,26,29,38,83,98,107,114,132,154,
　　166,174

<欧文人名索引>

Berne,Eric 21,45,54,55,78,79,134,200,201,202

Carroll,Michael 201,202

Choy,Acey 149

Clarkson,Petruska 25,33,34,78,79,147,149,
159,182,200,201,202

Cupitt,Don 236,239

English,Fanita 67,78,79

Erikson,E.H. 148

Freire,Paulo 207, 237,239

Gilbert,Maria 201,202

Gopnik,Alison 237,239

Hampson,Doug 179,201

Hawkins,Peter 39,45,46,54,55,110,112,136,
147,150,200

Hay,Julie 127,148,150,164,200,202,240

Hobbs,Patrick 114

James,Muriel 79

Joines,Vann 148,150

Kadushin,Alfred 37,39,45,46,53,55

Kahler,Taibi 148

Karpman,Steve 149,150

Kelly,George 85,87,110,112

Kolb,David 210,235,239

Lahad,Mooli 225,237,239

Lapworth,Phil 147,150

Levin,Pam 148,150

Mazzetti,Marco
147,150,159,200,202,226,236,239

Mezirow,Jack 207,237,239

Micholt,Nelly 78,79

Napper,Rosemary
54,55,148,150,181,201,202,236

Nee,Alistair 136,147

Newton,Trudi 20,21,22,39,40,45,46,54,55,
148,150,181,201,202,206,235,236,238,239

Pratt,Karen 236,239

Proctor,Brigid 39,46,55

Reynolds,Peter 236,239

Rogers,Carl 218,237,239

Rowe,Dorothy 110,112

Rushdie,Salman 219

Schneiner,Creina 232

Schulz,Kathryn 234,237,239

Searles,Hubert 163,200,202

Serra,Richard 238

Shmukler,Diana 19,33,34

Shohet,Robin 136,147,150,200

Sills,Charlotte 34,147,150,226,236,239

Smith,Nick 54,55,110,112

Steare,Roger 110,112

Stewart,Ian 148,150

Tuckman,Bruce 200,202

Ware,Paul 142,148,150

Zull,James 215,231,235,236,239

【著者】

Hilary Cochrane（ヒラリー・コクレイン）

コーチ。個人および組織内のチームを担当している。個人や、企業内コーチのトレーニングやスーパービジョンをとおしてコーチングの専門家育成に貢献している。公認マスターコーチ（Master Certified Coach）並びに、認定コーチ・スーパーバイザー（a qualified Coach Supervisor）として国際コーチング連盟（International Coaching Federation: ICF）に認定されている。

Trudi Newton（トゥルーディ・ニュートン）

国際TA協会およびヨーロッパTA協会公認の教育分野の教授メンバー（Teaching and Supervising Transactional Analyst）であり、執筆家、研究家、学習コンサルタント。エグゼクティブ（管理職）とライフ（人生）分野の認定コーチ（ACC）へのスーパービジョンを行っている。ここ数年間はコーチ・スーパーバイザーのためのトレーニングプログラムを開発。そのなかのひとつがICFによる初の認定プログラムとなっている。

【訳者】

安部朋子（Tomoko Abe）

国際TA協会教育分野教授、TA教育研究所理事長、TA教育コンサルタンシー代表、TAハッピーカード研究所所長。

大阪府出身。アメリカ、カルフォルニア州フレズノ・シティ・カレッジ卒業後、マスコミ、飲食、物販、商社勤務を経験するなかで、6年間のサンフランシスコでの営業部長体験が心理学への興味と学びのきっかけとなり、今に至る。

「人生が変わる学びの場」の提供者として、個人スーパービジョンやグループスーパービジョン、ディレクトスーパービジョンのほか、TAハッピーカードの普及、セミナー、ワークショップの開催、執筆、講演などを行っている。

国際TA協会　　　https://www.itaaworld.org/
TA教育コンサルタンシー　　http://taedcon.jp/
TA教育研究所　　http://www.ta-education.jp/
TAハッピーカード研究所　　http://www.pro-con.jp/happy.html

よりよいスーパーバイザーになるための手引き

supervision for coaches
a guide to thoughtful work

2018年12月7日初版第1刷発行

著者	Hiraly Cochrane & Trudi Newton
訳者	安部 朋子
発行者	内山 正之
発行所	株式会社西日本出版社
	〒564-0044
	大阪府吹田市南金田 1-8-25-402
	営業・受注センター
	〒564-0044
	大阪府吹田市南金田 1-11-11-202
	TEL 06-6338-3078 　FAX 06-6310-7057
	ホームページ　http://www.jimotonohon.com/
	郵便振替口座番号 00980-4-181121

編集	浦谷さおり（金木犀舎）
装画	安田みつえ
装幀	上野かおる
図作成／組版	金木犀舎
印刷・製本	株式会社シナノパブリッシングプレス

© 2018 Hiraly Cochrane , Trudi Newton , Tomoko Abe
This edition is published by arrangement with Supervision for Coaches
Publishing,Ipswich, UK.
ISBN978-4-908443-31-2　C0011

定価はカバーに表示してあります。
乱丁落丁は、お買い求めの書店名を明記の上、
小社受注センター宛にお送り下さい。
送料小社負担でお取り替えさせていただきます。

安部朋子のTAの本

発行／西日本出版社

ギスギスした人間関係をまーるくする心理学
～エリック・バーンのTA～

A5判・並製カバー装・250P
本体1500円　ISBN978-4-901908-36-8

TAの生みの親、エリック・バーンの理論に基づいて書かれた元祖TA本。TAの理論・事例とワーク（実習）で構成し、TAの基礎が理解できるようになっています。
ビジネス現場でも、学校でも、家庭でも、楽しく過ごすための1冊です。

ギスギスした人間関係をまーるくする心理学2
～エリックバーンのTA 上級者編～

A5判・並製カバー装・188P
本体1800円　ISBN978-4-901908-96-2

エリック・バーンの理論をさらに詳しく解説。
TA心理学を、安部朋子国際TA協会教授が日常の様々なシチュエーションにあてはめてわかりやすく紹介しています。
巻末には、「TA心理学きほんのき」「TA実践家に役立つ概念」「4つのシステムシート」を収録。

エリック・バーンのTA組織論
リーダーを育てる心理学

A5判・並製カバー装・210P
本体1800円　ISBN978-4-901908-81-8

職場や家庭でどうTAを生かして組織のモヤモヤ、イライラをすっきりさせるかを多くの事例を入れながら紹介しています。
TA組織理論は人が集まってできるグループや組織といった集団に存在する問題の発見や、それらの解決・改善策を考えるための診断・分析ツールになります。組織の健康診断のチェックリスト、フレームワークとして活用するための方法がこの本に詰まっています。

85 ページのレパートリー・グリッド用の写真です。切り取ってご使用ください。